Voyage dans les centres de la petite enfance

Catalogage avant publication de la Bibliothèque nationale du Canada

Diane Daniel

    Voyage dans les centres de la petite enfance

    (Parents aujourd'hui)

      1. Garderies – Québec (Province).   2. Famille et garderie.   3. Garderies.
I. Titre.   II. Collection.

    HQ778.7.C32Q8 2003   362.71'2'09714   C2003-941496-5

DISTRIBUTEURS EXCLUSIFS:

- Pour le Canada
  et les États-Unis:
  MESSAGERIES ADP*
  955, rue Amherst
  Montréal, Québec
  H2L 3K4
  Tél.: (514) 523-1182
  Télécopieur: (514) 939-0406
  * Filiale de Sogides ltée

- Pour la France et les autres pays:
  VIVENDI UNIVERSAL PUBLISHING SERVICES
  Immeuble Paryseine, 3, Allée de la Seine
  94854 Ivry Cedex
  Tél.: 01 49 59 11 89/91
  Télécopieur: 01 49 59 11 96
  Commandes: Tél.: 02 38 32 71 00
                 Télécopieur: 02 38 32 71 28

- Pour la Suisse:
  VIVENDI UNIVERSAL PUBLISHING SERVICES SUISSE
  Case postale 69 - 1701 Fribourg - Suisse
  Tél.: (41-26) 460-80-60
  Télécopieur: (41-26) 460-80-68
  Internet: www.havas.ch
  Email: office@havas.ch
  DISTRIBUTION: OLF SA
  Z.I. 3, Corminbœuf
  Case postale 1061
  CH-1701 FRIBOURG
  Commandes: Tél.: (41-26) 467-53-33
                  Télécopieur: (41-26) 467-54-66
                  Email: commande@ofl.ch

- Pour la Belgique et le Luxembourg:
  VIVENDI UNIVERSAL PUBLISHING SERVICES BENELUX
  Boulevard de l'Europe 117
  B-1301 Wavre
  Tél.: (010) 42-03-20
  Télécopieur: (010) 41-20-24
  http://www.vups.be
  Email: info@vups.be

Pour en savoir davantage sur nos publications,
visitez notre site: **www.edhomme.com**
Autres sites à visiter: www.edjour.com •
www.edtypo.com • www.edvlb.com •
www.edhexagone.com •

Gouvernement du Québec – Programme de crédit
d'impôt pour l'édition de livres – Gestion SODEC.
www.sodec.gouv.qc.ca

L'Éditeur bénéficie du soutien de la Société de
développement des entreprises culturelles du Québec
pour son programme d'édition.

Dépôt légal: 2e trimestre 2003
Bibliothèque nationale du Québec

ISBN 2-7619-1829-0

Nous remercions le Conseil des Arts du Canada de l'aide
accordée à notre programme de publication.

 Conseil des Arts   **Canada Council**
du Canada   **for the Arts**

Nous reconnaissons l'aide financière du gouvernement
du Canada par l'entremise du Programme d'aide au
développement de l'industrie de l'édition (PADIÉ) pour
nos activités d'édition.

Diane Daniel

Voyage dans les centres de la petite enfance

LES ÉDITIONS DE
L'HOMME

Je dédie ce livre à toutes les femmes du Québec qui, toutes générations confondues, à force de courage, de volonté et d'amour, ont accompagné nos enfants au cours de leur petite enfance ainsi qu'à toutes celles qui continueront de veiller sur eux.

Et plus particulièrement à ma mère qui est un de ces modèles.

Remerciements

Merci à tous ceux qui de près ou de loin au cours de toutes ces années ont contribué à enrichir ces propos. Je tiens à remercier particulièrement : Marylène Leblanc pour m'avoir ouvert la porte ; Benoît Frégeau, conseiller au ministère de la Famille et de l'Enfance, pour avoir répondu si gentiment à toutes mes questions techniques dans un délai éclair ; le Dr Guy Frenette pour sa petite information ; mon mari Michel Paquet pour tous les petits à-côtés qu'il m'a offerts et qui m'ont facilité la vie au cours de la rédaction de ce livre, en particulier son effort pour respecter ma solitude ; mes filles Valérie et Evelyne, sans qui je n'aurais jamais eu un cœur de mère ; Murielle, ma mère, qui m'a montré l'audace et la persévérance ; François, mon père, qui m'a appris à rire et avec qui je continue de le faire ; mes sœurs Nicole et Lucie qui sont toujours là ; Michel et Michèle Forgues sur qui je peux toujours compter ; et Louis-René Vézina mon gendre et ami, pour ses conseils très appréciés ; et il tenait tellement à faire partie de cette liste.

Introduction

Je me permets de commencer ce livre en partageant un peu de ce qui fut mon cheminement, celui qui m'a permis d'avancer dans cette fabuleuse aventure auprès de la petite enfance. Mon intérêt est né et s'est développé lorsque j'ai eu mes deux filles. Au moment de la naissance de l'aînée, en raison de mon jeune âge (j'avais 20 ans) et de mon inexpérience, je me suis retrouvée comme la majorité des jeunes mères face à mes doutes et à mon incompétence. Je craignais de ne pouvoir lui offrir ce qu'il lui fallait pour se développer et vivre de la façon la plus heureuse qui soit. Je me suis efforcée de trouver dans les livres une recette qui m'aiderait à tenir adéquatement mon rôle de parent. Chacun des ouvrages que je consultais m'apprenait une nouvelle théorie et plus je lisais, plus je sentais que bien des notions m'échappaient encore. Plus je m'informais et plus je me passionnais pour le sujet. Quelques années plus tard, après la naissance de la cadette, l'Université du Québec à Montréal n'offrant pas encore de programme en petite enfance, j'ai entrepris des études universitaires en enseignement préscolaire et primaire. Durant les six années qu'a duré cette formation à temps partiel, j'ai mis sur pied, en parallèle, un centre d'éveil pour les enfants de 18 mois à 5 ans afin de découvrir en leur compagnie et en la compagnie de mes filles comment on s'y prenait pour grandir…

En tentant d'allier théorie et pratique, je m'apercevais qu'un énorme fossé séparait mes connaissances de la réalité : il m'était difficile d'obtenir les mêmes résultats avec de «vrais» enfants qu'avec ceux dont on me parlait à l'école. C'est en les regardant vivre qu'il m'apparut évident que l'environnement dans lequel ils évoluaient était un élément nécessaire à l'éveil de leur curiosité. Afin de vérifier si mes soupçons étaient fondés, j'ai entrepris des recherches et tenté des expériences personnelles. Tout ce que je découvrais me convainquait que la curiosité est l'élément déclencheur, celui qui pousse un individu à aller voir plus loin, à chercher, à tenter de comprendre et à trouver une solution. J'étais certaine que chaque problème résolu marque un pas de plus vers l'autonomie. Pour y accéder, l'enfant doit pouvoir jouir d'un environnement sécuritaire où il peut en toute liberté exercer sa curiosité : explorer à sa guise, essayer et se tromper, tomber et se relever, perdre et gagner, et chaque fois essayer de comprendre, chercher, trouver une solution et poursuivre son chemin.

L'adulte est là pour l'accompagner, pour lui assurer un soutien et l'encourager à développer sa confiance en lui, non pour faire les choses à sa place. Afin de vérifier plus à fond ma théorie, en 1986 j'ai commencé à œuvrer dans les services de garde comme aide pédagogique auprès des éducateurs et éducatrices. Cette époque était encore marquée des vestiges d'une idéologie qui subsistait depuis plusieurs générations : l'adulte savait ce qui était bon pour l'enfant... et le lui apprenait.

L'ensemble des pratiques éducatives tendait vers cette croyance. Selon moi, deux problèmes retardaient l'évolution de la pensée à cet égard : le grand écart entre la réalité et la fiction, (la fiction étant ce qu'on apprend dans les livres à l'école), et le besoin de l'adulte d'exercer un contrôle sur l'enfant. Cet écart entre la réalité et la fiction frappait de plein fouet tous les jeunes éducateurs diplômés quelques mois seulement après le début de leur carrière. Lorsque la «lune de miel» se terminait, ils perdaient petit à petit cette belle énergie et la motivation qui leur avait donné des ailes. Rares étaient ceux qui ne vivaient pas une période de découragement et une grande déception. Ils se rendaient compte, eux aussi, que ce qui se passait dans la «vraie vie» ne ressemblait pas beaucoup à ce qu'ils avaient appris dans les livres. Comme moi, ils constataient que l'école était un lieu où l'on maîtrisait rapidement un problème chez un enfant... en équipe et sur papier!

Le découragement s'accompagne souvent d'un sentiment d'incompétence lorsqu'on ne réussit pas à maîtriser une situation. Voilà selon moi le deuxième problème qui freinait l'évolution en éducation: l'absence de maîtrise. Ces deux suspects, dont je validais l'identité chaque jour, devinrent les piliers de mon travail dans les garderies. Dès lors, mon objectif fut de travailler à l'amélioration du bien-être des enfants ainsi qu'à de celui des adultes qui interviennent quotidiennement auprès d'eux.

Que le travail de l'éducateur ne soit que plaisir et la vie en garderie qu'un beau et grand jeu... qu'il partage avec l'enfant!

Au cours des huit années qui suivirent, je me consacrai à mettre en pratique cette devise — elle était devenue mon projet de vie — et je poursuivis des études en intervention et en communication. Puis, un jour, un groupe de promoteurs me proposa de développer une nouvelle agence de services de garde en milieu familial dans un quartier multiethnique.

Après quatorze années d'expérience en tant qu'éducatrice, aide pédagogique et gestionnaire, croyant posséder l'expérience nécessaire, j'acceptai ce nouveau défi avec empressement. Malheureusement, je m'aperçus rapidement que ma boîte à outils n'était pas complète: le milieu familial était une tout autre réalité et c'est au prix de beaucoup de recherche, d'étude et de travail que je réussis à mener à bien ce projet. Plus tard, en 1997, une nouvelle politique familiale québécoise vint imposer la modification de la structure de la garderie traditionnelle en celui de centre de la petite enfance (CPE). Cette proposition fut pour moi l'occasion de nouveaux défis. Je participai à l'instauration et au développement de plusieurs CPE, en commençant par celui dont j'assumerais la gestion. Le Centre de la petite enfance du Parc à Montréal fut l'un des premiers CPE diversifié, c'est-à-dire à offrir des modes de garde en installation et en milieu familial d'une telle capacité de fréquentation (325 places).

Parce que j'ai l'habitude de faire au moins deux choses à la fois, tout en élaborant ce grand projet, je guidai le développement de plusieurs autres. J'avais eu la chance au cours de ma carrière de travailler autant à la croissance de garderies traditionnelles que de services de garde en milieu familial, tant auprès d'adultes que d'enfants. Toutes ces années de travail m'avaient apporté sans le savoir l'expertise nécessaire pour collaborer à l'édification de la nouvelle politique familiale et à ses projets. Je commençai par rédiger un guide dans le but de soutenir les gestionnaires et les chargées de projet dans le développement et la gestion de la garde en milieu familial, cela devenait urgent. La nouvelle loi n'accordait pas plus de cinq ans aux Centres de la petite enfance pour développer les deux modes de garde, celui en garderies et celui en milieu familial afin qu'en 2002 tous puissent être en mesure de gérer les deux volets. Ce guide a aidé plus de 900 garderies dans leur transformation en centres de la petite enfance. Par ailleurs, j'ai pu donner plusieurs formations aux gestionnaires de CPE sur la garde en milieu familial. Parallèlement, j'enseignais dans un cégep aux étudiants en technique d'éducation en service de garde. Plus j'avançais dans les couloirs de la garde en milieu familial, plus je prenais conscience de l'inquiétude et du manque d'informations des responsables de service (RSG). Je rassemblai toutes mes connaissances et rédigeai un autre guide, cette fois à l'intention de celles qui œuvrent en milieu familial, *Le temps qu'il faut pour grandir...*, qui accompagne maintenant plusieurs milliers de responsables dans leur quotidien.

Quel parent connaît réellement toute la structure des services de garde québécois, les avantages et les inconvénients de ces différents modes de garde, le programme éducatif et son apport au développement de l'enfant? Tous les parents que j'ai rencontrés, et ils sont des milliers, avaient dans le cœur et dans la tête les mêmes questions, les mêmes angoisses et les mêmes craintes sur un sujet qui les passionnait: la vie de leur enfant à la garderie! «Comment choisir un service de garde et savoir s'il convient à mon enfant? Lequel lui offre les meilleures conditions? De quelle manière mon enfant vivra-t-il à la garderie? Comment savoir qu'il y est heureux? Comment se passera notre séparation?»

Toutes ces questions que l'on me posait les unes après les autres devinrent pour moi un appel au secours auquel j'ai voulu répondre. J'ai été tour à tour éducatrice, aide pédagogique, enseignante, gestionnaire, chargée de projet; j'ai exploré et participé au développement de tous les volets de la garde à différents moments de son évolution au Québec. Mais avant tout, j'ai été la maman de deux filles à l'égard desquelles j'ai connu les mêmes angoisses, les mêmes inquiétudes et les mêmes peurs que celles des autres parents. Voilà pourquoi j'ai écrit cet ouvrage, qui rassemble une grande part de mes expériences de vie!

PREMIÈRE PARTIE

UN PEU D'HISTOIRE

■

CHAPITRE PREMIER

AU FIL DU TEMPS

La naissance d'un enfant est un événement heureux et rempli de joie. Cet enfant qui arrive, s'il offre aux parents d'immenses occasions de bonheur, leur procure également des moments d'inquiétude et de souffrance. Ce nouvel être apporte ravissements et difficultés, et chaque étape de sa vie amène sa part de plaisir et d'angoisse. Cependant, devenir parent requiert un apprentissage qui se fait au jour le jour. Combler les besoins de son enfant et faire en sorte qu'il soit heureux sont les principaux objectifs, les buts ultimes que visent tous les parents. Répondre adéquatement aux besoins de l'enfant suppose donc une connaissance réelle de ses besoins alors qu'une incapacité à les identifier entraîne frustrations et inquiétudes. Les parents développent bien souvent un sentiment de culpabilité, craignant que leurs décisions ne servent pas au développement et au bonheur de leur enfant. Même lorsque nous faisons tout ce qui est en notre pouvoir pour le mieux-être de notre enfant, le manque d'information et d'expérience nous désempare souvent au moment de faire des choix.

Malheureusement, le bébé n'arrive pas avec un mode d'emploi et l'amour seul ne suffit pas. L'expérience et la compétence s'acquièrent au fur et à mesure que les parents «grandissent» avec leur enfant. Ils se retrouvent parfois dans des situations telles qu'ils aimeraient bien que quelqu'un leur dise exactement quoi faire pour ne pas commettre d'erreur. Malheureusement, il n'existe pas de recette ni de formule magique, l'intuition est souvent le plus fidèle gage de réussite. Cependant, à certains égards, l'expérience des autres peut parfois aider à valider des intuitions et fournir des indications précieuses pour effectuer un choix éclairé. La recherche d'un service de garde pour enfant fait partie du lot d'expériences qui peuvent sembler difficiles à des parents qui n'en connaissent pas tous les enjeux.

Ce guide conduit le parent étape par étape dans l'univers des services de garde et lui indique tout ce qu'il doit savoir pour choisir un tel service. Il importe qu'il sache en quoi consiste la garde d'un enfant puisque ce nouvel environnement deviendra une deuxième maison pour lui durant toute sa petite enfance.

Au cours des vingt dernières années, j'ai côtoyé bon nombre de parents inquiets de ne pas connaître et de ne pas savoir. Je crois pouvoir les éclairer dans cette nouvelle étape de leur vie familiale en leur offrant l'information nécessaire, y compris les enjeux que représentent les services de garde pour les parents d'aujourd'hui.

Il faut dire que la situation de la garde et de la petite enfance s'est beaucoup transformée au Québec au cours des cent cinquante dernières années. Peut-être avez-vous envie de savoir ce qu'ont vécu votre grand-mère et votre mère avant vous ? Leur histoire est passionnante, d'autant plus qu'elle fait partie de la vôtre et de celle de toute une province. Laissez-moi vous en raconter un bout…

CHAPITRE 2

HISTORIQUE DES SERVICES DE GARDE

L equel d'entre nous n'a pas le souvenir d'avoir été «gardé» au moins une fois chez une grand-mère, une voisine, une tante ou une amie de sa mère? Peut-être même êtes-vous de ceux qui ont fréquenté une garderie. Vous revoyez le visage d'une éducatrice, un local en particulier, la couleur des murs, etc. Peut-être même ces souvenirs vous font-ils revivre un peu de la peine et de l'insécurité que vous ressentiez au moment de quitter la maison et de vous éloigner de vos parents. Peu d'enfants n'ont pas des souvenirs comme ceux-là parce que, depuis toujours, les parents ont dû confier leurs enfants à d'autres adultes quand ils ne pouvaient pas les garder avec eux. Tout au long de l'histoire et particulièrement au cours du dernier siècle, la situation des familles québécoises s'est mise à changer en raison de nouveaux modes de vie. Les femmes ont été les plus touchées par ces transformations: en quittant la maison pour le travail, elles ont dû «s'organiser» et confier leurs enfants.

Avec le recul, on peut affirmer que de tous les temps, la garde en milieu familial fut le mode de garde le plus utilisé et le plus populaire auprès des femmes du Québec. Et pour cause.

Avant 1850, on méconnaît l'enfance, personne n'a d'ailleurs le temps de s'en préoccuper. On prend soin des enfants, certes, mais la majorité des parents travaillent sur la ferme familiale et les enfants commencent très tôt à mettre la main à la pâte. C'est l'époque des grosses familles et les enfants grandissent parmi les adultes. Très jeunes, ils se voient confier des tâches afin de venir en aide au projet familial. Plusieurs générations vivent alors sous le même toit. La famille est élargie : autant la mère que la grand-mère, autant l'oncle que la cousine s'occupent de donner des soins aux enfants.

Vers 1850, le début de l'industrialisation va entraîner un important déplacement des familles rurales vers les villes et les zones dites urbaines. Croyant que la vie y sera plus facile, les gens s'éloignent peu à peu des campagnes afin de trouver un emploi en ville. Mais ces nouvelles villes qui s'agrandissent n'offrent pas du travail à tout le monde, et plusieurs familles se retrouvent dans la pauvreté, ce qui oblige les femmes à sortir de la maison pour aller travailler, la majorité dans des manufactures et des usines. C'est le début du long combat que devront mener les femmes pour assurer la garde de leurs enfants.

À cause de cette nouvelle orientation, la structure familiale connaît de grands bouleversements. Désormais, les enfants vivent avec leurs parents seulement, les plus petits se font garder à l'extérieur de la maison et les plus vieux, dès l'âge de six ans, commencent à fréquenter l'école. Avec cette nouvelle génération, composée d'enfants qui grandissent entourés d'autres enfants de leur âge, petit à petit, un écart se creuse entre l'enfance et l'âge adulte.

En 1858, voyant que les besoins de garde s'accroissent, la communauté religieuse des Sœurs grises de Montréal, sœur Julie Gaudry en tête, élabore le concept des premières garderies qu'on appellera à l'époque des « salles d'asile ». La première voit le jour en 1859 à Montréal, bientôt suivie par d'autres établissements sur la Rive-Sud.

Ces salles d'asile, réservées aux enfants de la classe ouvrière, croissent très vite et reçoivent bientôt près de 1200 enfants par jour, dont l'âge varie entre deux et sept ans. La fréquentation augmente rapidement chaque année, si bien que cinquante ans plus tard, en 1922, plus de 60 000 enfants se rendent dans ces garderies chaque jour.

Perçues comme des œuvres de charité, les salles d'asile sont surtout fréquentées par les enfants de familles pauvres et les orphelins de père. Les parents ayant peu pour payer la garde de leurs enfants, les religieuses se retrouvent rapidement en difficulté financière. Compte tenu du grand besoin de garde, le gouvernement provincial accepte de subventionner ces établissements en accordant vingt-cinq sous par mois pour chaque enfant gardé. Malgré cela, les coûts d'entretien des salles d'asile obligent les religieuses à organiser des événements ponctuels comme des ventes de charité et des bazars afin de garder leurs portes ouvertes.

La Première Guerre mondiale vient perturber la nouvelle organisation de la famille québécoise : les hommes sont mobilisés et les femmes se retrouvent seules avec les enfants. À cette époque, à part les salles d'asile qui commencent à être saturées, il n'y a guère d'option pour la garde des enfants. Parfois une grand-mère se propose, une sœur ou une tante s'offre à veiller sur eux pendant que la mère se rend au travail. Plusieurs mères, n'ayant pas ces ressources, choisissent de faire de la couture à domicile ; parfois aussi, les enfants sont laissés seuls.

C'est en 1919 que les sœurs franciscaines fondent, à Montréal, la première vraie garderie grâce à leurs relations avec la Société Saint-Vincent-de-Paul : la garderie Saint-Enfant-Jésus, qui jusqu'à récemment portait encore le nom de garderie Notre-Dame-des-petits.

Cette garderie dispense un programme éducatif français inspiré de Montessori, offre le service de garde 7 jours par semaine à 60 enfants, incluant les bébés, en plus d'accueillir au dîner les enfants qui fréquentent l'école. Les parents paient un sou par jour et la ville de Montréal en ajoute deux par jour pour chaque enfant. Peu de familles ont suffisamment d'argent pour payer cinq à sept sous par semaine pour chacun de leurs enfants ; on attire donc une clientèle plus aisée ! Afin d'arrondir les fins de mois, les sœurs franciscaines doivent, elles aussi, organiser diverses ventes de charité.

Vers 1920, malgré l'énorme besoin et les multiples efforts faits pour qu'elles survivent, les salles d'asile manquent d'argent et commencent à disparaître. La guerre est terminée et les mères se retrouvent pour une grande part seules avec leurs enfants, plusieurs ayant perdu leur mari. La misère est grande et, malgré toute leur bonne volonté, les mères ne parviennent pas à subvenir aux besoins de leurs enfants. Des orphelinats ouvrent leurs portes, mais devant la demande excessive, ces établissements doivent cibler leur clientèle. Seules les mères célibataires ou malades, ainsi que les veuves, peuvent se prévaloir d'un droit de fréquentation pour leurs enfants.

Les places et les ressources étant limitées, bien des mères prennent la dure décision d'abandonner leur bébé afin que celui-ci soit pris en charge par des mieux nantis qui pourront le nourrir. Près de 600 nouveau-nés par an sont retrouvés à la porte des couvents ; plusieurs meurent gelés.

Le manque d'argent continue de s'accentuer et conduit la population vers la crise économique de 1930, qui engendre à son tour une grave augmentation du chômage, appauvrissant les familles encore davantage. Les femmes trouvent plus aisément du travail ménager ou des travaux de couture et s'organisent du mieux qu'elles peuvent pour faire garder leurs enfants lorsqu'elles s'absentent. Chez les francophones, cependant, la garde des enfants en institution est peu répandue, le travail des femmes québécoises étant très mal perçu socialement.

Au début des années 1930, préoccupé par cette situation qui se dégrade, Édouard Montpetit, avocat et grand économiste de l'époque, suggère au gouvernement provincial d'encourager la création de maternelles et de garderies à l'aide de subventions. Malheureusement, cette recommandation n'aura jamais de suite.

M. Montpetit propose en outre la mise sur pied d'un bureau de la protection de l'enfance et l'élaboration d'un programme d'aide aux mères afin d'alléger leur fardeau, suggestions que le gouvernement Taschereau entend mais qui seront mises en veilleuse jusqu'en 1937.

En 1937, le premier ministre Duplessis vote la Loi de L'Aide aux mères nécessiteuses en prétendant venir en aide aux mères dans le besoin. Il précise quelles sont parmi les femmes les mères nécessiteuses et exclut de leur nombre les immigrantes, les femmes séparées et divorcées, celles dont le mari est en prison, les mères célibataires et les mères qui n'ont pas une bonne conduite morale ! Son message est on ne peut plus clair : «Nous voulons que la mère reste au foyer pour garder et élever ses enfants au lieu de les disperser aux quatre coins de la province[1].»

Deux ans plus tard, soit en 1939, la Deuxième Guerre mondiale est déclarée ; les femmes doivent encore une fois répondre à tous les besoins de la famille. Pendant les trois années qui suivent, chaque jour, des hommes partent pour le front si bien qu'en 1942, la population se retrouve en «manque de bras» !

Le pays a besoin des femmes et on les invite à retourner immédiatement sur le marché du travail. En échange de leurs services, Duplessis, avec l'appui du clergé, bien que ni l'un ni l'autre ne soit d'accord avec le principe, accepte de participer au projet du gouvernement

---

1. Ghislaine Desjardins, *Faire garder ses enfants au Québec...* Les publications du Québec, Gouvernement du Québec 1991, p. 21.

fédéral de mettre sur pied un programme de garderies subventionnées. Les subventions sont partagées également entre le gouvernement fédéral et provincial. Le parent débourse 0,35 $ par jour et 75 p.100 des places sont réservées aux enfants dont la mère travaille « à la cause de la guerre ».

Pendant cette période, les femmes exercent des métiers habituellement réservés aux hommes et gagnent assez bien leur vie, ces métiers étant mieux rémunérés que les emplois « réservés aux filles ». Appuyées par l'aide gouvernementale et jouissant d'un salaire décent, les femmes peuvent se rendre au travail, tranquilles et sans inquiétude pour la garde de leurs enfants.

Dès que la guerre prend fin, les gouvernements se désintéressent des femmes et ferment les garderies. Dès lors, il faudra compter quinze ans avant que le gouvernement du Québec n'intervienne de nouveau dans ce dossier. Pendant ce temps, seules des garderies privées continuent d'exister ; beaucoup d'entre elles soient très mal tenues et l'on soupçonne que des négligences de toutes sortes soient la cause de décès d'enfants. Une commission se forme et revendique auprès du gouvernement l'ouverture d'une enquête et la mise sous surveillance de toutes les garderies. Duplessis refuse de l'entendre et dissout la commission.

Entre-temps, le gouvernement fédéral institue partout au Canada un programme d'allocations familiales pour toutes les femmes qui ont des enfants. Le premier ministre Duplessis, toujours secondé par le clergé, considère ce geste comme une menace pour l'autonomie du Québec et proteste. Il conteste le fait que les femmes reçoivent et administrent ce chèque. Ces deux alliés sont d'accord pour que l'argent soit destiné aux enfants, mais exigent que les bénéficiaires en soient les pères : les chefs de la famille ! De toute façon, selon le Code civil dont l'adoption date de 1866, la femme mariée est considérée comme une

mineure et classée dans la même catégorie que les déficients men-
taux. L'argument selon lequel elle ne peut pas administrer l'argent que
l'État destine à ses enfants est donc invoqué pour convaincre les chefs
politiques du pays.

Le gouvernement fédéral cède bientôt aux pressions provinciales
et religieuses québécoises et accepte que les chèques d'allocation
familiale soient émis au nom des pères de famille. Cette décision est
perçue par les Québécoises comme une grave offense et une humi-
liation; c'est le point de départ du mouvement féministe au Québec,
celui qui va voir naître les premiers regroupements de femmes. C'est
l'époque des Simonne Monet Chartrand, des Jeanne Sauvé, des Thé-
rèse Casgrain qui, appuyées par les femmes québécoises, protestent
et se rendent jusqu'au parlement pour hurler leur indignation. Elles
crient si fort qu'elles finissent par gagner la première victoire d'une
longue bataille ayant pour enjeu leur autonomie : «Les chèques seront
libellés au nom des femmes!»

C'est le début de la période du baby-boom et de la modernisation.
La télévision fait son apparition dans les foyers québécois et des émissions comme *Pépinot et Capucine* et *Maman Fon Fon* offrent aux mères
un peu de temps libre chaque jour en captant l'attention des tout-petits.
Puis, viennent se greffer à la grille horaire des émissions quotidiennes
dites «féminines», qui sensibilisent les femmes à leur condition sociale
en leur transmettant des informations venant d'autres femmes dans le
monde et favorisant les échanges et la communication entre elles.

Nous sommes encore sous le règne de Duplessis et les nouveaux
modèles proposés par la télévision ravivent la crainte du premier ministre de perdre son pouvoir. Il organise donc sa gestion politique de façon
à maintenir la population québécoise sous une forte dépendance. Selon
«sa» Loi de l'impôt, le travail du conjoint est le seul qui est reconnu et
tout est conçu pour que la situation financière de la famille soit très

désavantagée s'il advenait que la femme travaille à l'extérieur du foyer. En outre, les messages qu'on entend partout responsabilisent plus que jamais la mère de famille en ce qui a trait à l'éducation des enfants. L'école, désormais obligatoire, accentue la dépendance des enfants. Malgré l'éveil social amorcé par l'arrivée de la télévision et la naissance de regroupements féminins, toutes les pressions que subissent les femmes ne manquent pas de ralentir et de perturber leur évolution. Le gouvernement, par ses mesures restrictives et culpabilisantes, atteint partiellement son objectif pendant cette décennie : les femmes restent à la maison pour s'occuper de l'éducation des enfants.

Le 3 septembre 1959, Maurice Duplessis meurt subitement d'une hémorragie cérébrale. Sa mort représente pour la population du Québec la fin de la Grande Noirceur et le début de ce que les historiens appellent la « Révolution tranquille ».

Vers le début des années 1960, petit à petit, l'État récupère les institutions qui ont été si longtemps gérées par l'Église et les entreprises privées : les hôpitaux et les écoles.

En 1961, sous le nouveau gouvernement de Jean Lesage, on assiste à la création du ministère de la Famille et du Bien-être social, qui définit une première politique destinée à la famille. Les femmes se préoccupent de plus en plus de politique et luttent de plus belle pour gagner une réelle autonomie. Bien qu'elles soient toujours responsables de la famille et de son bon cheminement, la modernisation augmente les besoins et, pour y pallier, les femmes commencent, malgré les messages sociaux encore culpabilisants, à retourner sur le marché du travail.

Les années 1960 voient naître de multiples organismes tels la Fédération des femmes du Québec et l'Association féminine d'éducation et d'action sociale. Leur mission première est de soutenir les femmes et de les aider à se libérer de cette culpabilité emmagasinée au cours du siècle dernier. La force et la persévérance de leurs rassemblements entraînent une lente mais ferme transformation sociale de la vision du travail des femmes à l'extérieur du foyer. Les préjugés se modifient : le travail de la femme visant à contribuer au mieux-être de la famille est toléré et acceptable pourvu qu'il ne nuise en rien à son rôle de mère.

Une nouvelle ère se lève : désormais la femme doit être excellente et compétente autant comme mère que comme travailleuse !

L'Exposition internationale qui se tient à Montréal, le mouvement du *Peace and love*, les succès des Beatles et la naissance de la libération sexuelle transforment complètement la vision et l'idéologie sociales. La définition du mot liberté se peaufine chaque jour et les couples découvrent une nouvelle façon de s'épanouir et de vivre leur relation.

L'apparition de la pilule anticonceptionnelle entraîne de grands bouleversements dans les relations entre les deux sexes. La femme peut dorénavant exercer un contrôle sur la procréation et décider d'avoir ou de ne pas avoir d'enfant ; le couple peut désormais prévoir le moment qu'il jugera idéal pour commencer une famille. L'Église catholique, qui interdisait les relations sexuelles dans un autre but que la procréation, perd totalement le contrôle qu'elle exerçait sur les femmes depuis des siècles. Désormais, la loi de l'Église ne régnera plus dans les foyers québécois.

Cette mutation se fait si rapidement que les autorités gouvernementales n'ont ni le temps d'en mesurer les conséquences ni de s'y adapter. Il est clair que la situation des femmes change complètement la dynamique des couples et de la famille. Les femmes revendiquent l'égalité et bousculent en profondeur tout le fonctionnement social.

Le Comité national pour l'égalité des femmes brandit la menace qu'une manifestation de deux millions de femme aura lieu si le gouvernement fédéral ne met pas sur pied une commission d'enquête sur la nouvelle réalité des femmes canadiennes. Bousculé par cette insistance, le gouvernement décide de créer la commission Royale d'enquête Bird pour aller voir de plus près ce qui lui échappe. Cette commission d'enquête sur la situation des femmes au Canada entreprend des recherches auprès des femmes de tout le pays afin de connaître leur situation réelle. Le bilan est simple et compliqué à la fois, trois points majeurs ressortent de l'enquête: l'iniquité salariale, l'urgence de modifier la loi sur le divorce et le plus important de tous: le besoin de garderies pour les enfants. Le rapport final se conclut sur un nouvel adage: «La garde des enfants doit être partagée entre la mère, le père et la société.»

Sur ce dernier point, le gouvernement du Québec ne partage pas du tout le point de vue de son homologue et continue de considérer la garderie comme une solution de «dépannage occasionnel». C'est un autre coup dur pour les Québécoises qui, en l'absence de soutien gouvernemental, doivent continuer de se battre tout en s'organisant tant bien que mal avec la garde de leurs enfants. Elles n'ont d'autres choix encore une fois que de se tourner vers le bon vieux principe de la voisine, de l'amie ou de la parente qui «dépanne».

Plus les années passent, plus le bouleversement familial amorcé prend de l'ampleur. On ne reviendra plus jamais en arrière! La décennie des années 1970 verra la famille et ses valeurs continuer de se transformer.

Une sévère inflation sévit, accompagnée d'une forte baisse des mariages et d'une augmentation significative des divorces. Cette nouvelle réalité sociale engendre inévitablement une hausse du nombre de familles monoparentales, laissant une fois de plus les femmes seules avec les enfants et leur problème de garde. L'un ne va pas sans l'autre et l'histoire se poursuit.

Les baby-boomers entrent à leur tour sur le marché du travail, la télévision retransmet des informations venues de partout et les mentalités continuent d'évoluer. Les résultats d'études sur la petite enfance menées depuis quelques années modifient petit à petit l'opinion publique, généralement défavorable aux garderies. Désormais on ne les considère plus seulement comme un endroit où les enfants sont gardés pendant que leur mère est au travail, mais comme un important moyen de socialisation pour l'enfant.

Bien qu'en 1970 le ministère des Affaires sociales démontre une certaine sensibilisation à cette nouvelle argumentation et publie un premier cahier de normes sur les garderies, les obligeant désormais à obtenir un permis pour opérer, il s'abstient encore de s'investir activement à ce niveau.

En 1971, deux événements viennent modifier la structure des services de garde : les propriétaires de garderies privées, menacés par l'obligation de détenir un permis d'opération, fondent leur association et le gouvernement fédéral met sur pied les programmes Perspectives Jeunesse et Projet d'initiatives locales. Ce dernier subventionne des projets de garderies et accorde un crédit d'impôt aux parents dont les enfants fréquentent l'un de ces services de garde subventionnés. C'est la première action du gouvernement fédéral faisant suite aux besoins de garde exprimés par le rapport de la Commission Bird en 1970.

La population commence à saisir le sens des propos du cahier de normes publié en 1970 par le gouvernement québécois et une réflexion commune s'amorce : c'est un point de départ dans l'organisation du système de garde québécois.

Dorénavant on encourage la participation des parents et l'on fait des garderies une responsabilité collective.

Toutefois, le gouvernement provincial ne s'y engage pas encore de façon très concrète ; seule l'idéologie et sa nouvelle vision collective marquent son cheminement. Pour l'instant, les subventions fédérales sont les seules à créer des projets permettant la mise sur pied de plusieurs services de garde et, autour de l'année 1971, la garde d'un enfant coûte en moyenne aux parents entre 45 $ et 50 $ par enfant, par semaine.

Malheureusement, le gouvernement fédéral connaît des difficultés financières et son premier réflexe est de mettre fin aux subventions des projets d'initiative locale. Privée des revenus de ces subventions, la survie des garderies est une fois de plus menacée. Celles-ci sont en place, toute une population travaille depuis plusieurs années à leur bon fonctionnement et voilà qu'elles pourraient disparaître. De fortes protestations se font entendre et d'importantes manifestations sont organisées par le personnel, avec l'appui des parents: il est inconcevable de retourner au point zéro après tant d'efforts.

Conscients de la gravité d'une telle perte, les deux gouvernements se penchent «sérieusement» sur le problème et concluent sur cette aberration qu'Ottawa acceptera de financer les garderies si elles obtiennent un permis provincial... et que Québec ne délivrera pas de permis aux garderies qui ne seront pas financées...!

Une fois encore, les femmes relèvent leurs manches et organisent des manifestations dans tous les coins de la province jusqu'à ce qu'elles obtiennent victoire: Québec donnera les permis et les subventions aux garderies.

C'était trop beau pour être vrai: à la fin de l'année 1973, le Québec compte 250 garderies dont la grande majorité sont privées; seulement 10 garderies sont subventionnées par le ministère des Affaires sociales! Le gouvernement doute encore des besoins en matière de garde... et en 1974, Madame Lise Bacon, ministre aux Affaires sociales, est mandatée pour entreprendre une tournée provinciale afin d'aller vérifier de nouveau les besoins réels de garde des petits Québécois. Un document sur les services de garde des enfants au Québec ponctue la fin de cette tournée.

Les besoins réels sont encore une fois confirmés et le gouvernement n'a plus le choix: il s'engage donc à mettre sur pied des programmes de subventions pour le fonctionnement des garderies et à accorder une aide financière aux parents. Il ajoutera également des sommes d'argent destinées au démarrage de nouvelles garderies.

C'est ainsi qu'en septembre 1975, après près de cent ans de préoccupations, le gouvernement promet de favoriser l'implantation de nouvelles garderies et d'offrir une aide technique à celles qui existent. Les choses avancent… lentement, mais sûrement.

En 1976, le Parti québécois nouvellement élu propose un réseau de services de garde gratuits et accessibles à tous sans discrimination avec, en plus, un service de transport. Même si cette proposition ne se concrétise pas dans sa totalité, c'est le Parti québécois qui contribue le plus à l'avancement des services de garde au Québec. Il accorde une augmentation de l'aide financière aux parents et des subventions aux garderies pour le développement de corporations sans but lucratif. Il subventionne également l'aménagement et l'achat d'équipement et offre un montant supplémentaire aux garderies qui accueillent des enfants handicapés. Parallèlement, le gouvernement péquiste crée un comité interministériel chargé de définir une politique pour organiser un réseau de services de garde bien adapté aux besoins actuels de la population québécoise.

Il s'avère que le Québec a besoin de 150 000 places de garde pour les enfants de 0 à 5 ans et de 180 000 pour les 6 à 12 ans! En octobre 1978, une nouvelle politique sur les services de garde voit le jour: le gouvernement financera, de concert avec les parents, des services de garde diversifiés; par ailleurs, les parents pourront désormais choisir le mode de garde qui leur convient le mieux entre la garderie et le milieu familial.

Le gouvernement est une fois de plus très formel, il privilégiera le développement de corporations sans but lucratif, administrées par des conseils d'administration composés majoritairement des parents utilisateurs. En 1979, il hausse le budget affecté à la petite enfance à

22 millions, qu'il injecte pour l'intégration d'enfants de milieux défavorisés. Pour chacun des enfants venant d'un milieu défavorisé, le gouvernement versera aux garderies des subventions supplémentaires.

Les garderies survivraient grâce au nouveau financement, mais la perspective de recevoir des subventions supplémentaires leur permet d'élaborer des projets éducatifs encore plus intéressants. Résultat : la clientèle des garderies se compose de plus en plus d'enfants venant de milieux défavorisés. L'aberration d'une telle injustice gagne les intervenants. Les regroupements de garderies s'opposent à ce fonctionnement, parce qu'il est discriminatoire à l'égard des classes sociales. Ils proposent donc au gouvernement un financement par place au permis, ce qui rendrait plus équitable l'accès aux services de garde pour tous les enfants.

À l'automne 1979, le programme de subvention est réévalué et le gouvernement accorde, tel que proposé, les subventions aux garderies par place d'enfants, sans égard à la condition financière des familles. Au cours de la même année, une nouvelle Loi sur les services de garde à l'enfance est adoptée. Désormais les enfants ont le droit de recevoir des services de garde de qualité et les parents celui de choisir lequel s'adapte mieux à leurs besoins. En 1980, le gouvernement crée ce qu'il appellera l'Office des services de garde à l'enfance (OSGE), qui aura pour mandat de veiller à l'application et au respect de cette nouvelle loi.

On concède maintenant l'existence de la garde en milieu familial reconnue par une agence. L'agence de garde en milieu familial doit obtenir un permis de l'OSGE pour avoir droit à une subvention de fonctionnement et les parents dont les enfants sont gardés en milieu familial deviennent admissibles du même coup aux programmes d'aide financière.

Même si les garderies existantes dans toutes les régions du Québec sont désormais administrées par des parents utilisateurs, tous les problèmes ne sont pas résolus. Les listes d'attente débordent, surtout dans les villes, les services pour les moins de deux ans sont peu développés et le travail en soi offre de piètres conditions aux éducateurs. Il reste encore beaucoup de travail à faire. La loi définit quatre types de garde : la garderie et la garde en milieu familial, la garde en milieu scolaire et la halte-garderie. On y ajoutera bientôt un cinquième mode de garde : le jardin d'enfants. Bien que ces cinq modes de garde aient leur définition respective, deux types seulement pourront recevoir un permis et les subventions qui les accompagnent : la garderie et la garde en milieu familial. La loi mentionne également que seules les corporations « sans but lucratif » recevront ces subventions. Cette clause suscite protestations et manifestations de la part des propriétaires de garderies privées et force le gouvernement à la réévaluer de nouveau : celui-ci accepte finalement d'accorder également des permis aux garderies à but lucratif et promet de s'occuper rapidement du développement des autres modes de garde.

Aujourd'hui encore, en l'an 2003, seules les garderies (que l'on appelle maintenant garde en installation) et la garde en milieu familial reçoivent des subventions.

L'Office des services de garde à l'enfance est la seule instance du genre au Canada. Elle est composée de membres de toutes les régions du Québec, nommés par le gouvernement, en majorité des parents utilisateurs de services de garde. Sa première présidente, Mme Lizette Gervais, qui se consacre à son implantation et à sa structuration, est bientôt remplacée par Mme Stella Guy, en juin 1982, laquelle, à la suite d'une consultation provinciale, énonce les nouvelles priorités de l'Office des services de garde à l'enfance : placer en priorité le développement des services de garde en garderie, soutenir le développement des agences de garde en milieu familial et partager le réseau de la garde scolaire avec le ministère de l'Éducation du Québec.

Premier règlement sur les services de garde en garderie, il remplace les normes du ministère des Affaires sociales qui datent de 1972. Toutes les garderies ont jusqu'à la fin de l'année 1985 pour s'y conformer.

C'est en 1984 que l'Office des services de garde à l'enfance adopte une politique pour la garde en milieu familial et la reconnaît dès lors comme un mode de garde complémentaire aux garderies. Il faudra cependant attendre encore dix ans, soit en 1994, pour qu'une réglementation sur les services de garde en milieu familial voie le jour.

L'histoire se poursuit et, malgré que vers le milieu des années 1980, on constate une forte baisse de la natalité au Québec, les besoins de garde augmentent toujours. Selon les statistiques du moment, les familles comptent maintenant 1,4 enfant et le nombre de foyers monoparentaux s'élève à plus de 200 000.

Pendant dix-huit ans, le réseau des services de garde au Québec fonctionne sous l'aile de l'Office des services de garde à l'enfance, qui au fur et à mesure tente de s'adapter aux nouveaux besoins. Malheureusement, l'argent des subventions suffit de moins en moins à y répondre et les parents engagés au conseil d'administration de chacune des garderies se voient dans l'obligation d'augmenter annuellement les frais de garde de façon substantielle. Vers 1996, il en coûte en moyenne 125 $ par semaine pour la garde d'un enfant et la garde d'un poupon atteint facilement les 140 $.

Le 1er septembre 1997 marque l'entrée en vigueur de la nouvelle politique familiale. L'Office des services de garde à l'enfance est remplacé par le ministère de la Famille et de l'Enfance (MFE), et la petite enfance devient la nouvelle priorité sociale. Une nouvelle structure est définie : toutes les garderies et agences de service de garde en milieu familial sans but lucratif et subventionnées deviendront des Centres de la petite enfance (CPE). Les parents seront soutenus financièrement et, à partir de ce jour, il leur en coûtera 5 $ par jour par enfant, le ministère s'engageant à verser à chacun des CPE la différence nécessaire à son fonctionnement[2].

Plus de cent cinquante ans se sont écoulés, cent cinquante années pendant lesquelles nos arrière-grands-mères, nos grands-mères et nos mères ont lutté et persévéré. Chaque manifestation, chaque cri d'indignation, chaque protestation a marqué un pas de plus vers ce jour de 1997 où Mme Pauline Marois, ministre de la Famille et de l'Enfance et de l'Éducation, a annoncé les nouvelles orientations et les nouvelles priorités sociales québécoises.

Comme nous sommes loin de l'époque Duplessis. L'enfant du Québec est maintenant considéré comme le fondement de notre société et tous nos efforts seront désormais concentrés à assurer le mieux-être de sa petite enfance, gage de notre avenir.

---

2. À titre informatif : Les garderies à but lucratif qui détiennent un permis peuvent, à certaines conditions, obtenir un certain nombre des places à 5 $ pour les parents des enfants qui les fréquentent.

DEUXIÈME PARTIE

UN PEU D'INFORMATION

■

CHAPITRE 3

QU'EST-CE QU'UN CENTRE DE LA PETITE ENFANCE ?

À partir de cette date mémorable du 1er septembre 1997, tout le réseau de garde se modifie au Québec, les Centres de la petite enfance (CPE) sont désormais mandatés pour gérer différents modes de garde afin de répondre aux besoins de la petite enfance et contrôler la qualité des services offerts.

La nouvelle politique familiale définit le statut d'un CPE et les aspects qu'il développera. De plus, elle assure à tous ses utilisateurs, en l'occurrence les enfants et les parents, que la santé, la sécurité, le développement global et le bien-être des enfants seront ses principales préoccupations.

Dorénavant, chacun des centres de la petite enfance offrira deux modes de garde au choix du parent, soit la garde en installation (garderie) et la garde en milieu familial. Au cours des prochaines années, le ministère de la Famille et de l'Enfance compte développer d'autres modes de garde comme la halte-garderie et le jardin d'enfants. Tous les enfants du Québec, de la naissance jusqu'à la maternelle, peuvent se prévaloir du droit de fréquentation d'un centre de la petite enfance.

Le fonctionnement d'un centre de la petite enfance

Le centre de la petite enfance emploie des personnes qualifiées au sens de la loi, c'est-à-dire qu'il doit embaucher, pour ses installations, deux personnes sur trois capables de fournir une preuve d'études en petite enfance. On les appelle «les éducateurs de la garderie». Comme ce sont en grande majorité des femmes, j'utiliserai plus souvent le terme «éducatrice» pour les désigner. Chaque éducatrice fournit au CPE une copie de ses diplômes d'études pertinentes à l'emploi, un certificat médical attestant sa bonne santé physique et mentale ainsi qu'une attestation de bonne conduite, preuve qu'elle n'est pas affligée d'un dossier criminel. Elles sont à l'emploi du CPE.

En milieu familial, le CPE reconnaît des personnes comme responsables de service de garde en milieu familial. Les garderies en milieu familial sont gérées par une personne responsable qui reçoit les enfants dans une résidence privée, la plupart du temps, la sienne. Le ministère de la Famille et de l'Enfance accorde à chaque CPE un nombre de places défini afin qu'il puisse développer des garderies en milieu familial et en installation en fonction de ses besoins. Le Centre de la petite enfance a la responsabilité d'évaluer les aptitudes de chacune des requérantes avant de leur accorder leur reconnaissance.

En plus de leur offrir un soutien technique et professionnel, le CPE est tenu de contrôler quotidiennement la qualité des services que la RSG dispense dans son service de garde et de la soutenir dans son cheminement en vertu de la formation exigée par le règlement. La RSG a un statut de «travailleuse autonome» et, contrairement à sa collègue qui travaille en installation, elle n'est pas l'employée du CPE. Elle a cependant l'obligation de respecter la réglementation.

Le MFE confie donc aux centres de la petite enfance un mandat de surveillance et de contrôle dans l'application de ses règlements. Ces dispositions facilitent la vie du parent en rassurant celui-ci sur ce que vit son enfant et sur les soins qui lui sont apportés ; elles leur permettent en plus l'accès aux subventions.

Quoique les deux modes de garde soient régis par la même loi, la réglementation diffère quelque peu. Nous en verrons les différences au cours des prochains chapitres. Toutefois, un même programme éducatif est dispensé aux petits, tant en installation qu'en milieu familial. Le programme de subvention pour les parents est également accessible dans ces deux modes de garde.

La loi sur les centres de la petite enfance

S'il en fait la demande, un centre de la petite enfance peut être autorisé par le ministère de la Famille et de l'Enfance à coordonner la garde en installation et en milieu familial pour un maximum de 350 enfants pour l'ensemble de ses opérations.

Cependant, en milieu familial, le CPE ne peut se voir accorder qu'un maximum de 250 places. Par exemple, un Centre de la petite enfance pourrait partager sa gestion entre plusieurs installations qui reçoivent un maximum de 80 enfants chacune et la garde en milieu familial, pour un total maximum de 350 places.

Le Centre de la petite enfance se voit confier par le MFE des mandats spécifiques tels que décrits à l'article 9 de la loi, pour lesquels il est subventionné. Ses mandats sont les suivants : opérer un CPE conformément à la Loi sur les Centres de la petite enfance et autres services de gardes à l'enfance :

• Fournir des services de garde éducatifs aux enfants, principalement de la naissance jusqu'à la fréquentation du niveau de la maternelle, ainsi, le cas échéant, qu'aux enfants fréquentant les niveaux de la maternelle et du primaire lorsqu'ils ne peuvent être reçus dans un service de garde en milieu scolaire.

- Coordonner, surveiller et contrôler en milieu familial de tels services à l'intention d'enfants du même âge.

Chaque centre de la petite enfance est une corporation privée sans but lucratif, légalement constituée en vertu de la Loi sur les compagnies. Le ministère de la Famille et de l'Enfance subventionne ces corporations, mais ces dernières n'appartiennent pas au gouvernement.

Les membres d'une corporation

Au sens de la Loi des compagnies, une corporation est considérée comme une personne morale, ayant nom, adresse et identification complète. Afin de représenter cette personne morale et de parler en son nom, toutes les personnes qui adhèrent à sa structure, à ses valeurs et à sa philosophie en deviennent les membres. Le parent utilisateur, c'est-à-dire celui dont l'enfant fréquente le CPE, devient automatiquement membre de cette corporation et s'engage à en respecter les règles de fonctionnement.

Outre l'obligation d'y respecter les règles, être membre d'une corporation c'est aussi avoir des droits : ceux de parole et de vote aux assemblées des membres. En tant que membres, les parents sont donc invités par leur CPE à assister à l'assemblée générale annuelle. Une fois par année, au moment de cette assemblée, leur sont présentés les états financiers de la corporation, les objectifs atteints au cours de l'année qui vient de s'écouler et ceux prévus pour la prochaine année.

C'est au cours de cette même réunion que l'ensemble des membres présents vote afin d'élire le prochain conseil d'administration. Le conseil d'administration est un groupe de personnes, majoritairement composé de parents utilisateurs, à qui l'ensemble des membres confie le mandat de veiller au bon fonctionnement du CPE. L'ensemble des membres de la corporation donne le pouvoir à un petit groupe de parents de représenter les membres et de prendre en leur nom les décisions nécessaires à la bonne marche du CPE que fréquentent leurs enfants.

Le conseil d'administration

Tous les parents utilisateurs ont la possibilité de s'investir au sein de la corporation en siégeant au conseil d'administration. C'est au cours de l'assemblée générale annuelle qu'ils peuvent annoncer leur intention de participer et de se faire élire au sein de l'équipe d'administrateurs. Tels que définis dans le *Guide pour les membres du conseil d'administration du ministère de la Famille et de l'enfance,* le conseil d'administration accomplit tous les actes nécessaires à la réalisation des buts que poursuit la corporation. Il fixe les grandes orientations relativement aux politiques, à la philosophie éducative, au personnel, au budget et au développement des services et il planifie ses activités en fonction de ces orientations. Le nombre de personnes siégeant au conseil d'administration varie selon les CPE, mais la loi exige un minimum de sept personnes, les deux tiers devant être obligatoirement des parents utilisateurs. Un mandat d'administrateur dure entre un et deux ans, selon les règlements du CPE, à moins que, pour une raison quelconque, la personne qui occupe ce poste doive démissionner en cours de route.

Durant l'année qui suit l'assemblée générale annuelle, les membres du conseil d'administration se réunissent régulièrement avec la directrice ou le directeur général du CPE. C'est elle ou lui qui fournit généralement toutes les informations nécessaires pour que les membres du conseil d'administration puissent prendre les meilleures décisions. Chaque décision est adoptée par vote ou consensus et est inscrite dans le procès-verbal de la réunion sous forme de résolution. C'est en tant que bénévole que les parents administrent la corporation.

À moins que le parent n'encoure des frais ou dépenses pour mener une tâche ou un mandat spécifique qui lui aurait été confié par le conseil d'administration aucune rémunération ne lui sera versée.

Parmi les membres d'un conseil d'administration d'un CPE, en plus des parents utilisateurs, des éducateurs, des responsables de service de garde en milieu familial et des représentants du milieu où est situé le CPE peuvent siéger. Il peut s'agir d'un gérant de banque, d'un représentant du CLSC ou de toute autre personne choisie par le conseil d'administration qui représente éventuellement les intérêts de cette communauté.

Les membres du conseil d'administration d'un CPE n'ont de pouvoir que par l'ensemble de ses administrateurs. Ce qui veut dire qu'aucun membre ne peut à lui seul prendre et assumer une décision, à moins qu'on lui en ait confié officiellement le mandat. Individuellement, les membres d'un conseil d'administration n'ont aucun pouvoir, c'est leur union qui fait leur force et leur autorité. Lorsqu'une personne siège au sein du conseil d'administration d'un CPE, qu'elle soit parent, éducateur, responsable de service de garde en milieu familial ou autre, elle doit oublier son rôle au quotidien et coiffer le chapeau d'administrateur d'une compagnie. Au conseil d'administration, le parent n'est pas le représentant ou le défenseur de son enfant et l'éducateur ou le RSG n'y sont pas non plus des représentants ou des défenseurs de la cause des travailleurs. Chacun sans exception, peu importe son statut, devient un «administrateur de la corporation» et non le défenseur d'un groupe en particulier. Les administrateurs travaillent ensemble à l'atteinte des objectifs généraux de la corporation pour le bien-être général des enfants. Parmi ses administrateurs, le conseil élit un exécutif : un président, un vice-président, un secrétaire et un trésorier. La loi exige que le président ou la présidente soit un parent utilisateur.

LE PRÉSIDENT

Être président du conseil d'administration de votre CPE, c'est être l'officier exécutif en chef de la corporation. Celui-ci préside les assemblées annuelles générales et toutes les réunions du conseil d'administration qui se déroulent au cours d'une année. Si, pour une raison ou pour une autre, il doit s'absenter, c'est le rôle du vice-président de le remplacer momentanément. Le président est normalement la personne qui assure le lien entre les membres du conseil d'administration et la direction du CPE.

LE SECRÉTAIRE

À chacune des réunions, un procès-verbal est rédigé : ce résumé de toutes les décisions et des sujets abordés au cours de la rencontre est retranscrit et conservé dans un livre. C'est le principal rôle du secrétaire de veiller à cette transcription et à sa conservation.

LE TRÉSORIER

Le rôle du trésorier du conseil d'administration est de voir à la bonne marche des finances en collaboration avec le directeur général et de présenter avec lui, au conseil d'administration, un compte rendu régulier de la situation financière du CPE.

Une fois par année, à la fin de l'année financière, dont la date est le 31 mars, un vérificateur comptable procède à l'élaboration du bilan financier de la corporation et certifie en avoir vérifié la santé financière. C'est lors de l'assemblée générale annuelle qu'est présenté ce bilan et qu'est nommé le vérificateur chargé de ce travail pour la prochaine année.

CHAPITRE 4

LES POLITIQUES ADMINISTRATIVES

La régie interne

Tous les centres de la petite enfance possèdent une régie interne constituée de ses politiques administratives et de sa philosophie d'intervention. Le document attestant ses politiques est modifié et rédigé
selon les besoins spécifiques de chacun des CPE et en soutient tout
le fonctionnement ; une copie est remise au parent lors de l'inscription
de son enfant tant en installation qu'en milieu familial.

Ces politiques administratives déterminent et énumèrent en détail
les moyens qu'un CPE prévoit utiliser pour mener à bien sa mission et
se conformer à sa vocation. On y trouve des informations concernant
la structure de la corporation, ainsi que les détails d'organisation des
divers modes de garde qu'elle offre. Le ministère de la Famille et de
l'Enfance octroie un nombre de places à chaque CPE *(voir p. 43)*, selon
les besoins répertoriés du milieu ; le CPE les gère de façon à répondre
à ces besoins.

Les politiques administratives d'un CPE fournissent de l'information sur la composition et la répartition de ses places subventionnées

par le MFE. La régie interne indique également le nombre d'employés de la corporation ainsi que leur statut respectif. Par exemple, on précise le nombre de personnes travaillant à l'administration, auprès des enfants ainsi qu'au soutien.

La personne responsable de la gestion

Chaque CPE a à son emploi une personne qui agit à titre de directrice ou directeur général, la loi désignant cette personne comme «responsable de la gestion». Cette personne, qui relève directement du conseil d'administration, est chargée du fonctionnement de l'ensemble du CPE.

Le règlement des centres de la petite enfance définit le rôle de la directrice ou du directeur responsable de la gestion, en y spécifiant la généralité de sa tâche. La mise en application de tous les programmes et politiques qu'on y dispense ainsi que la supervision de la qualité des services de garde sont chapeautées par la directrice ou le directeur. Son mandat est de représenter le conseil d'administration auprès du personnel, des responsables de service de garde en milieu familial et auprès des parents. Il ou elle doit, de plus, assurer les liens avec des organismes extérieurs. Tous les services offerts par les CPE sont supervisés par la directrice ou le directeur, qui fournit au Conseil d'administration l'ensemble des informations nécessaires à la prise de décision. Cette personne voit au respect de la philosophie d'intervention et des valeurs éducatives et surveille l'application du programme éducatif. De plus, elle est responsable de la bonne marche des finances.

C'est une lourde tâche pour une seule personne et c'est pourquoi la nouvelle structure des CPE permet de lui adjoindre des employés compétents capables de la soutenir dans sa tâche et de l'aider à mener à bien la mission première du centre.

Les CPE sont devenus de grandes institutions et, d'ici quelque temps, la majorité d'entre eux gérera près de 350 places partout au Québec. Chaque CPE possède une structure spécifique qui dépend de ses besoins propres, déterminés par ceux du milieu pour lequel il œuvre. Par exemple, les besoins d'un CPE au centre-ville de Montréal seront plus orientés vers la garde en milieu de travail que ceux d'un CPE situé au cœur d'une banlieue, lequel dirigerait plutôt ses opérations en fonction d'une garde en milieu familial. Le MFE et les CPE évaluent donc les besoins distinctifs de chacune des organisations pour créer des milieux de garde en fonction d'une demande propre à «chaque» population.

L'admissibilité des enfants

Les politiques administratives comportent également un chapitre sur l'admissibilité des enfants dans l'un ou l'autre de ses services de garde. Bien que tous les enfants de parents désireux d'utiliser les services soient admissibles, certains principes spécifiques à chacun des CPE peuvent être appliqués quant à la fréquentation.

Par exemple, un CPE en milieu de travail peut prévoir une priorité aux enfants des employés, un autre CPE peut spécifier dans ses politiques un nombre minimum de jours de garde par semaine. Ainsi, sa politique pourrait déterminer par exemple que tous les enfants en installation soient reçus un minimum de deux jours par semaine ou que les enfants de moins de 18 mois soient acceptés uniquement pour un minimum de quatre jours par semaine. Ces deux conditions faisaient partie des politiques du CPE dont j'assumais la gestion. Pourquoi? Tout simplement parce que, avec l'appui du conseil d'administration, nous avions jugé qu'une fréquentation régulière était préférable pour faciliter l'adaptation des enfants. La politique du «quatre jours» pour les poupons s'appuyait sur les mêmes motifs. Selon nous, il était inconcevable de parler «d'adaptation» si un enfant ne devait fréquenter le service de garde qu'une journée par semaine. Notre philosophie étant axée sur le bien-être de l'enfant et sur sa sécurité, il nous semblait inadmissible que celui-ci soit contraint de subir les angoisses de la séparation et de l'adaptation à chacun de ses retours à la garderie. Les conditions d'admissibilité étaient établies en harmonie avec notre philosophie.

Chaque CPE, mis à part son devoir de respecter la loi et la réglementation, peut déterminer pour ses installations des conditions de fonctionnement qui soient conformes à ses ressources et à ses valeurs, tenant compte par-dessus tout des besoins formulés par le milieu qu'il représente.

Par contre, en milieu familial, les règles de fonctionnement peuvent être différentes de celles du CPE auquel il est rattaché. Parce que la responsable de service de garde en milieu familial est une travailleuse autonome au sens de la loi, cette personne a la possibilité et le pouvoir de gérer sa propre entreprise comme elle l'entend. Outre l'obligation qu'elle a de respecter la loi, la réglementation et l'entente qu'elle a conclue avec le CPE, elle est libre de diriger à sa façon le fonctionnement de son service de garde au quotidien. Voilà pourquoi il est possible que les conditions d'un service de garde en milieu familial diffèrent de celles d'une garderie relevant du même CPE.

L'entente pour la garde d'un enfant

Au moment de l'inscription d'un enfant à l'un ou l'autre des volets de garde du CPE, c'est-à-dire en installation (garderie) ou en milieu familial, le parent doit signer une entente de garde et remplir une fiche de renseignements pour chacun des enfants qu'il confie. Le règlement des CPE prescrit l'obligation aux parents de donner les informations qui s'avèrent essentielles à la santé et à la sécurité de leur enfant. Ces informations sont confidentielles et les documents que remplit le parent lui seront remis lors du départ définitif de son enfant.

Pour chaque enfant admis dans une garderie, *volet installation*, une entente est signée entre les parents et le CPE. Pour chaque enfant admis dans un service de garde, *volet milieu familial,* une entente est signée entre les parents et la responsable de service de garde en milieu familial.

La politique pour les enfants malades

Les politiques administratives du CPE renferment également des informations concernant les interventions appliquées en cas de maladie chez l'enfant. L'élaboration de cette politique s'appuie d'abord sur les recommandations du département de santé communautaire et sur un guide fourni par le ministère de la Famille et de l'Enfance[3]. Chaque CPE, en guise de complément, peut faire des ajouts plus spécifiques s'il le désire à l'égard de malaises et de maladies qui pourraient survenir à l'un ou l'autre de ses services de garde.

Au chapitre des maladies, le parent prendra connaissance des variantes possibles ainsi que des cas d'exclusion dont la politique fera mention.

---

3. *La santé des enfants... en services de garde éducatif,* coll. Petite enfance, Les publications du Québec, 2000.

La philosophie éducative d'un centre de la petite enfance

Le 1er septembre 1997, un nouveau programme éducatif commun et obligatoire pour tous les CPE a fait son apparition, en même temps que la nouvelle politique familiale. Le règlement en exige l'application sans égard au mode de garde.

L'élaboration du programme éducatif a été basée sur des programmes d'activités qui existaient déjà dans les services de garde à l'enfance avant la création des centres. Ils s'inspiraient également du *High/Scope Educational Approach*. Cette approche fut expérimentée dans plusieurs États américains, particulièrement dans le cadre d'interventions auprès d'enfants issus de milieux défavorisés. Les résultats furent plus que positifs et eurent à long terme des effets très favorables : moins de violence, moins de décrochage scolaire, moins de délinquance, moins de grossesses chez les jeunes adolescentes, plus d'autonomie, de prise en charge, de responsabilisation et de sociabilité de la part des enfants qui l'avaient expérimentée. Fondé sur une approche éducative de la psychologie du développement, ce programme éducatif a aussi été expérimenté auprès de milliers d'enfants québécois avant sa prescription par le MFE.

Le programme éducatif du ministère de la Famille et de l'Enfance

L'application du programme éducatif du MFE est obligatoire dans tous les CPE, pour tous les enfants, tant en milieu familial qu'en installation. Les principes directeurs du programme éducatif visent :

• le développement global et harmonieux de l'enfant, c'est-à-dire son plein épanouissement dans toutes les dimensions de sa personne : socioaffective, morale, langagière, intellectuelle physique et motrice ;

- une intervention éducative de qualité;
- la continuité éducative entre les familles et tous les CPE afin de faciliter le passage de l'enfant à la maternelle et dans le but de favoriser sa réussite scolaire.

En mettant l'accent sur le *jeu,* le programme éducatif met l'enfant en situation d'explorer son environnement, de le comprendre et d'apprendre à le maîtriser. Il permet donc à l'enfant de se développer et de se réaliser sur tous les plans.

Selon les principes que :
- chaque enfant est un être unique : les activités qui lui sont proposées respectent son rythme et ses besoins personnels;
- le développement de l'enfant est un processus global et intégré : les activités tiennent compte de ses habiletés et de toutes les dimensions de sa personne;
- l'enfant est le premier agent de son développement : l'environnement mis à sa disposition favorise la découverte de la connaissance de lui-même et des autres;
- l'enfant apprend par le jeu : le jeu demeure la base de toute l'intervention éducative;
- la collaboration entre le personnel éducateur et les parents est essentielle : ceux-ci sont sollicités pour participer au développement harmonieux des enfants.

Afin de faciliter l'application des principes régissant son programme éducatif, le ministère de la Famille et de l'Enfance a créé à l'intention des services de garde un outil, *Jouer, c'est magique*, qu'il privilégie pour en guider l'organisation et dont plusieurs s'inspirent.

Dans le but d'enrichir également leurs interventions, un complément à l'application du programme éducatif prescrit par le gouvernement peut être ajouté à la philosophie d'un CPE. Dans certains milieux, par exemple, le CPE pourrait ajouter une formule complémentaire afin de favoriser une approche interculturelle ou mettre en lumière un aspect en particulier comme la musique ou les arts.

Vous trouverez plus loin dans cet ouvrage des informations détaillées concernant l'application du programme éducatif dans le quotidien.

CHAPITRE 5

LES POLITIQUES GOUVERNEMENTALES

Les places à contribution réduite et les subventions

C'est le MFE qui subventionne tout le fonctionnement des CPE. Les parents, pour leur part, déboursent 5 $ par jour. À certaines conditions, des enfants venant d'un milieu défavorisé peuvent bénéficier d'une exemption de ce 5 $ (contribution exemptée lorsque le CPE y est admissible), part que le ministère remet au CPE.

Les services offerts

Les places à contribution réduite (places à 5 $) ont été instituées afin que tous les enfants, sans exception, puissent bénéficier d'un service éducatif de qualité. Partout au Québec, pour 5 $ par jour, l'enfant a droit à un repas et deux collations préparés selon les recommandations du guide alimentaire canadien, à un maximum de dix heures de garde à l'intérieur des heures d'ouverture du service de garde et au matériel nécessaire à l'application du programme éducatif prescrit.

Cependant, si des services additionnels ou des activités spéciales sont offerts à l'enfant, le CPE ou la responsable de service de garde en milieu familial peut demander au parent d'en assumer les frais.

Des activités telles que des sorties au musée, au zoo, au cinéma, des cours de musique, de théâtre, des activités à la piscine ou à un gymnase, et ainsi de suite, pourraient vous être facturées en supplément du 5 $. Le parent doit s'informer lors de l'inscription de son enfant, et demander si le service de garde offre ce genre d'activités et comment il en administre le fonctionnement.

Le ratio

La réglementation prévoit que le nombre de personnes qui travaillent dans une garderie en installation auprès des poupons est de un adulte pour cinq bébés. On appelle «poupon», tout enfant entre 0 et 18 mois.

En milieu familial, la responsable de service de garde peut garder un maximum de deux poupons à la fois ; par contre, si elle s'adjoint une assistante, toutes deux peuvent ensemble garder jusqu'à quatre poupons, dans la mesure où le CPE accorde son autorisation pour ce nombre d'enfants.

Le MFE donne le mandat aux CPE d'allouer le nombre de places convenant à chaque milieu familial compte tenu de l'espace et des ressources disponibles.

CHAPITRE 6

LES MODES DE GARDE

La garde en installation

Depuis les vingt dernières années, le fonctionnement de la garde en installation (garderie) est assez bien connu de la plupart des parents. La nouvelle politique familiale n'a pas transformé sa pratique, elle en a seulement réaménagé l'environnement en vue de l'application de son programme éducatif officiel. Dans bien des cas, les garderies fonctionnaient déjà avec une philosophie éducative qui rejoignait le nouveau programme éducatif.

L'installation abrite de petits groupes d'enfants dont l'âge varie entre 0 et 5 ans. Plusieurs installations reçoivent des poupons (0 à 18 mois) dans des locaux spécifiquement aménagés pour ce groupe d'âge. Dans ce cas, on parle d'une «pouponnière».

Les installations ne sont pas toutes pourvues de pouponnières, c'est-à-dire qu'elles ne reçoivent pas toutes des enfants de moins de 18 mois. Certains CPE ont choisi de développer plus de places en milieu familial pour y accueillir les poupons. Les installations sont pourvues de divers aménagements; elles peuvent fonctionner avec des groupes d'âge homogènes, c'est-à-dire des groupes formés d'enfants qui ont sensiblement le même âge ou en groupes multiâges, c'est-à-dire avec des groupes formés d'enfants d'âges variant entre 18 mois et 5 ans. Le plus souvent, les garderies accueillent des groupes d'âge homogènes.

Les poupons font toujours bande à part ; la pouponnière est séparée des autres groupes et les enfants y demeurent jusqu'à l'âge de 18 mois.

Les installations qui reçoivent les enfants en groupes homogènes sont aménagées en fonction de chacun des groupes d'âge. Les enfants changent de groupe au moment où ils atteignent l'âge requis pour se joindre au groupe supérieur. Le changement de groupe se fait de façon transitoire ; chaque CPE dispose d'un protocole à cet effet et procède à ces changements de façon que les enfants vivent un minimum de perturbations. Le mieux est de s'informer auprès du CPE pour connaître son processus de changement de groupe.

LA POUPONNIÈRE

Si l'installation du CPE est pourvue d'une pouponnière, le parent peut y inscrire son bébé. La pouponnière est un local souvent situé en retrait des autres locaux et l'aménagement est adapté aux jeunes bébés. Bien que le ratio exigé pour ce groupe d'âge soit d'un adulte pour cinq bébés, il n'est pas rare que les adultes soient plus nombreux à veiller aux soins des bébés.

La pouponnière est aménagée en autant d'espaces qu'il en faut pour que le bébé puisse jouer, être changé et nourri, et se reposer. Le dortoir est en retrait des aires de jeux afin que le tout-petit puisse s'y reposer dans le calme. Dans le dortoir ou la salle de repos, chaque bébé possède son propre lit qu'aucun autre bébé n'utilise, où se trouvent les objets qui le rassurent : sa «doudou», son «toutou», un vêtement de maman, sa tétine ou tout autre objet qu'il «juge» important. Une surveillance adulte est nécessaire dans chaque pièce où se trouvent des enfants; il se peut que le mur qui sépare le dortoir et la salle de jeu soit vitré de façon que l'éducatrice puisse surveiller les tout-petits et s'assurer de leur bien-être et de leur sécurité.

La pouponnière est pourvue d'éléments propres à faciliter les découvertes de l'enfant et tient compte de son apprentissage. C'est à la pouponnière qu'il commence à marcher, à courir, à tomber et à se relever... et tout son environnement se doit de le soutenir dans ses nouvelles expériences. Parfois même, certains CPE divisent l'espace de la pouponnière en deux, celui des tout-petits et celui des «trotti-neurs».

Le bébé demeure à la pouponnière jusqu'à ses 18 mois, parfois un peu plus, avant de se joindre au groupe d'enfants dont les âges varient entre deux ans et deux ans et demi.

Avant l'âge de quatre ans environ, les groupes dont il fera parti ne dépasseront pas huit enfants. Chez les plus vieux les groupes peuvent être formés de 10 enfants.

La garde en milieu familial

La structure de la garde en milieu familial étant moins bien connue des parents que celle de la garderie, j'ai cru important d'en développer tous les aspects afin que leur choix soit plus éclairé.

En milieu familial, une responsable de service de garde peut recevoir un maximum de six enfants de moins de neuf ans, incluant ses propres enfants ou ceux de son assistante et, de ce nombre, un maximum de deux poupons. Pour opérer un service de garde de plus de six enfants une RSG doit, en plus d'autres conditions que nous aborderons plus tard, obtenir l'aide d'une personne pour l'assister. Cependant, mise à part la limite maximum du nombre d'enfants et de poupons imposée par la loi et octroyé à son permis par le CPE, il n'y a pas de limite minimum d'âge ou de nombre minimum d'enfants, à moins qu'il n'y ait eu une entente à cet effet avec le CPE.

Le CPE offre aux services de garde en milieu familial reconnus, un soutien professionnel et technique qui consiste à aider la RSG à s'orienter afin de trouver les ressources nécessaires au bon fonctionnement de son service de garde et au respect de la loi et de la réglementation.

Les CPE, dans la majorité des cas, mettent à la disposition des responsables d'un service de garde en milieu familial les services d'une conseillère ou d'un conseiller pédagogique pour tout ce qui a trait au soutien professionnel. Cette personne offre son expertise à la RSG en l'accompagnant dans la gestion pédagogique de son quotidien ; la RSG est invitée à lui communiquer toutes formes de difficultés de quelque nature qu'elles soient. Tout ce qui peut perturber l'équilibre de son service de garde peut être soumis à l'écoute et au soutien de la conseillère ou du conseiller pédagogique.

Par exemple, dans le cas d'un changement de comportement subit de la part d'un enfant, son rôle est d'aider la responsable en milieu familial à identifier les causes de cette perturbation et, avec elle, d'établir un plan d'intervention adéquat. Il est plus facile pour la conseillère ou le conseiller pédagogique qui ne vit pas au cœur du problème d'en percevoir les paramètres de façon objective que la responsable qui s'y est investie sur le plan émotif.

LA STRUCTURE DE LA GARDE EN MILIEU FAMILIAL

En milieu familial, pour un même groupe d'enfants, les âges varient davantage que dans les garderies. Par exemple, on trouve dans un même service de garde des enfants âgés de zéro à cinq ans. À cause de cela, certains parents considèrent que la garde en milieu familial ressemble à la dynamique d'une famille. Au quotidien, les enfants développent ensemble une relation qui s'apparente à celle de frères et sœurs et leurs interactions sont forcément différentes de celles qu'on observe dans un groupe formé d'enfants du même âge.

Dans une famille, l'âge des enfants varie aussi, il y a les plus vieux et les plus jeunes et les habitudes de coopération et d'échange s'adaptent à cette dynamique, de sorte que les rapports de force entre les enfants contribuent à enrichir ces échanges. Les enfants vivent dans un environnement qui stimule l'apprentissage à la collaboration : les plus vieux apprennent à aider un plus jeune, à l'attendre et à respecter son rythme. Ils développent également une attitude tolérante et entretiennent une complicité avec l'adulte à l'égard des plus jeunes. Par ailleurs, les plus petits sont très stimulés par les grands auxquels ils s'identifient.

LE SOUTIEN DU CENTRE DE LA PETITE ENFANCE AUX RSG EN MILIEU FAMILIAL

Un des rôles importants du CPE à l'égard de ses responsables de service de garde en milieu familial est de leur offrir un soutien technique et professionnel. Ce mandat confié par le MFE consiste, pour le volet technique, en un suivi de la redistribution des subventions accordées aux RSG. Le CPE offre des facilités d'organisation pour la tenue des registres de présences ainsi que pour tous les autres documents nécessaires à la bonne gestion de leur service de garde.

Le CPE redistribue à ses RSG les subventions qu'il reçoit mensuellement à leur intention : l'argent pour les places à contribution réduite ou exemptée (places à 5 $) et les subventions pour les poupons.

La personne responsable d'un service de garde

La personne reconnue comme responsable d'un service de garde par le CPE de son territoire a répondu à tous les critères lui permettant d'obtenir ce statut, soyez-en certain. Tout d'abord, elle a rempli et signé sa demande de reconnaissance au CPE qui, compte tenu des places disponibles et des besoins du moment, l'a retenue et a effectué avec elle le processus en vigueur.

Après s'être bien identifiée et avoir indiqué les coordonnées de la personne qui doit la remplacer en cas d'urgence, la personne qui désire devenir RSG doit accompagner sa demande d'un certificat médical attestant qu'elle a une bonne santé physique et mentale, d'une preuve d'assurance responsabilité civile de un million de dollars et d'une attestation confirmant qu'elle n'a pas de dossier criminel.

Ce dernier document est aussi exigé pour son conjoint ainsi que pour toutes les personnes âgées de 18 ans et plus qui vivent dans la résidence où elle a l'intention d'offrir le service de garde. Cette première étape exige qu'elle joigne aussi à sa demande un plan d'évacuation en cas d'urgence dans lequel elle désigne les procédures d'évacuation ainsi que l'endroit où elle compte amener les enfants dans une telle éventualité. Les parents-utilisateurs sont toujours mis au courant de ce plan.

Lorsqu'elle a l'intention d'exploiter son service de garde pour plus de six enfants ou pour plus de deux poupons, elle devra s'adjoindre une assistante ou un assistant et fournir au CPE les informations la concernant. Chacune des candidates, leur assistante, leur conjoint et toutes les personnes de 14 ans et plus qui vivent dans la résidence qui abritera le futur service de garde sont soumis à une entrevue au cours de laquelle le CPE vérifie que les conditions nécessaires à la bonne marche et à la sécurité du futur service de garde sont bien remplies.

Il importe que chacun des membres de la famille se sente engagé dans ce projet. Les adolescents, par exemple, doivent être préparés aux changements que subiront leurs «journées de congé» à la maison; plus question de dormir très tard le matin, les «amis» arrivant vers 7 heures! La troisième étape consiste pour le CPE à faire l'évaluation du milieu physique, c'est-à-dire de la maison et de son environnement, afin de vérifier s'ils satisfont aux normes de sécurité et aux exigences de l'application du programme éducatif. Dans tous les cas, les candidates reçoivent l'aide nécessaire du CPE afin de rendre leur milieu adéquat.

Finalement, un rapport de la direction du CPE est transmis au conseil d'administration qui prend la décision finale relativement à la reconnaissance de la candidate.

La RSG s'engage à:
- respecter le nombre d'enfants figurant sur son document de reconnaissance émis par le CPE, document qui doit être affiché en tout temps, bien à la vue, dans son service de garde;
- appliquer le programme éducatif tel que prévu par la loi et la réglementation;
- suivre une formation de secourisme d'une durée minimale de huit heures, renouvelable chaque trois ans;
- suivre la formation exigée dans la réglementation du MFE, son assistante, s'il y a lieu, s'engageant à faire la même chose.

Le règlement prévoit divers moyens d'application afin de garantir la sécurité, la santé et le bien-être des enfants qui fréquentent des services de garde en milieu familial. En voici une brève énumération, qui convaincra les parents que tout est mis en place pour assurer, au jour le jour, une belle qualité de vie à leur enfant.
- Au cours de la journée, pour sa sieste, le poupon peut dormir dans un parc; cependant, s'il devait passer la nuit au service de garde, il

aura à sa disposition une «bassinette». Les bébés ou les enfants ne sont jamais laissés seuls dans un parc, un lit ou bassinette en dehors des heures de sommeil normales, sauf en cas de maladie. Ils n'y sont évidemment jamais attachés.

• Un poupon ou un enfant ne partage jamais la même chambre qu'une personne de plus de 14 ans.

• Le menu offert quotidiennement aux enfants est affiché et préparé selon le guide alimentaire canadien.

Les mandats du centre de la petite enfance

Le MFE exige du CPE qu'il effectue trois visites de contrôle annuelles dans chacun de ses services de garde en milieu familial. D'autres visites de contrôle peuvent également être effectuées dans les cas de vérification des correctifs apportés et de la conformité au règlement à la suite d'infractions ou d'irrégularités.

Le CPE a également comme mandat de réévaluer chaque année tous les aspects du service de garde en milieu familial afin qu'il demeure fidèle à l'application de la réglementation.

Entre les réévaluations annuelles, la RSG doit signaler au CPE tout changement pouvant affecter sa reconnaissance, c'est-à-dire son admissibilité. Par exemple, la RSG devra aviser le CPE dans des cas où elle prévoirait un déménagement, un agrandissement ou un réaménagement de sa maison ou encore dans le cas de l'arrivée d'un nouveau conjoint.

Le traitement des plaintes

Dans ses politiques internes, le CPE a déjà prévu une procédure pouvant traiter les plaintes reçues à l'égard d'un service de garde en milieu familial et la procédure à suivre en cas de plainte pour abus sexuel. Au moment de sa reconnaissance, la RSG est mise au courant de ces procédures.

Si par exemple, en cours d'année, survient un cas de manquement grave d'un service de garde en milieu familial ou un événement pouvant menacer la santé ou la sécurité des enfants, le CPE prévient aussitôt les parents de la situation.

Le CPE n'a pas le pouvoir de fermer un service de garde en milieu familial, sauf dans les cas d'abus flagrants, mais il est tenu de prévenir les parents qu'il ne peut plus garantir la sécurité des enfants inscrits à ce service de garde et que des procédures ont été entreprises pour remédier au problème. Après réception de cet avis, les parents seront libres de décider de retirer ou non leur enfant de ce service de garde et le CPE devra faire tout ce qu'il peut, compte tenu de ses disponibilités de places, pour offrir un autre service de garde aux enfants.

Le CPE a pour mandat d'informer les parents de toutes les disponibilités en installation ou en milieu familial. Le parent à la recherche d'une place en milieu familial doit donc en faire la demande au Centre de la petite enfance de son secteur. Une personne désignée établira une liste précise de ses besoins et de ses espérances et mettra le parent en contact avec la RSG qui correspond le mieux à ses attentes.

CHAPITRE 7

CHACUN EST UNIQUE

Peu importe qu'elles soient régies par une même loi et une même réglementation ou organisées autour du même programme éducatif, les garderies en installation et en milieu familial ont toutes et chacune un caractère unique. Toutes deux reçoivent un nombre inégal d'enfants, de catégories d'âge variées et qui circulent dans un environnement qui varie d'un endroit à l'autre. Chaque RSG possède ses propres valeurs, une disponibilité personnelle, une famille et une façon bien à elle de s'organiser ; il en va de même pour les installations, qui, chacune, possèdent elles aussi leur caractère unique. Le CPE qui les supervise a lui aussi ses couleurs, ses politiques administratives, sa philosophie d'intervention et ses priorités éducatives. De plus, il œuvre dans un quartier ou une ville qui a ses propres ressources, son organisation et ses classes sociales.

Chaque parent utilisateur est lui aussi unique ; il a ses attentes particulières, ses exigences, ses besoins, son horaire, ses préférences, ses connaissances et ses valeurs éducatives.

Et de la même façon, chaque enfant est unique…

Cela m'amène à dire que même en ayant une bonne connaissance du fonctionnement de la structure organisationnelle d'un CPE, il faut tenir compte, dans la recherche d'un service adéquat, des particularités de chacun de ses acteurs. En considérant ces paramètres et en les comparant à ses propres attentes, le parent pourra effectuer un choix rationnel et éclairé.

UN CHOIX RÉFLÉCHI MAIS GUIDÉ PAR L'INTUITION

Par ailleurs, il est naturel que ce choix s'effectue en tenant compte d'une autre dimension : celle du cœur ! Rationaliser une décision est généralement assez facile, il suffit d'obtenir les informations qui permettent de mesurer concrètement la valeur du choix qui l'a précédée. Dans le cas d'un service de garde, une estimation de ses critères de sécurité et de sa structure permet de savoir s'il est conforme, lui et le personnel qu'il emploie, aux exigences de la politique familiale. Cette vérification procure suffisamment d'éléments au parent pour qu'il soit rassuré sur les capacités des intervenants à qui il va confier son enfant.

Cette première étape complétée, une autre étape reste à considérer, qui n'est pas mesurable selon des critères techniques : il s'agit pour le parent d'essayer de percevoir quel est le service de garde qui répond le mieux à ses besoins et à ceux de son enfant. Cette évaluation purement intuitive sera confortée par la perception du parent au moment de sa première visite.

L'intuition, c'est un pressentiment, une impression inexplicable et non mesurable qui surgit du fond de notre être comme pour nous prévenir de quelque chose. La perception quant à elle est la vision personnelle d'une situation. La perception est unique à l'individu, tout un chacun voyant la vie et ses différentes composantes d'une manière qui lui est propre. Ce sont ces deux facultés qui guident plus ou moins consciemment nos choix et nos décisions au cours de notre existence. Il n'y a pas de bonnes ni de mauvaises perceptions ou de mauvaises intuitions, ce sont tout simplement les nôtres ; cependant elles s'appuient immanquablement sur les références et les informations que nous possédons à propos de tel ou tel sujet.

Les prochains chapitres décriront les différents principes destinés à favoriser le bien-être des enfants en service de garde ; le fait de les connaître aidera les parents à «percevoir intuitivement» le service de garde qui leur convient, à eux et à leur enfant.

CHAPITRE 8

LES RÔLES DU SERVICE DE GARDE

Tous les parents se demandent quels sont les rôles que peut jouer le service de garde dans le développement d'un enfant? Des spécialistes en petite enfance disent que la présence de la mère est l'élément essentiel au développement harmonieux de l'enfant. En général, les parents partagent cette opinion et souhaitent des politiques sociales offrant aux jeunes parents la possibilité de bénéficier d'un congé payé prolongé. D'autres disent que le jeune enfant gardé à l'extérieur de son foyer profite de conditions nécessaires à sa socialisation et que le contact avec d'autres enfants de son âge est indispensable à son développement.

Toutes ces affirmations possèdent un fond de vérité ; mais sachant quelle est aujourd'hui la vocation réelle des services de garde, il n'est pas faux de conclure que leur fréquentation s'avère très positive dans la jeune vie de l'enfant. Les services de garde reliés à un CPE bénéficient d'un personnel compétent et qualifié, d'un matériel pédagogique adapté aux différentes étapes du développement et d'un programme éducatif éprouvé.

On ne peut nier le fait que l'enfant, entouré et stimulé de cette façon, profite d'expériences sociales toutes plus enrichissantes les unes que les autres. Des études récentes ont également démontré que les poupons sont eux aussi capables d'établir des relations avec d'autres enfants et profiteraient des interactions apportées par le milieu de garde.

Par ailleurs, la garderie offre parfois aux enfants issus d'un milieu défavorisé un environnement plus propice à son développement que ne le fait son entourage familial. Dans ces cas cependant, il faut faire preuve de prudence : la société ne doit pas s'appuyer que sur les services de garde pour améliorer les conditions de vie des enfants. Ces bienfaits étant complémentaires à la famille, les stimulations de la vie collective ne peuvent être vraiment utiles à un enfant que s'il vit dans sa famille une expérience affective de qualité ; dans ce cas seulement, la stimulation et la socialisation lui sont profitables.

Nous devons être conscients de l'influence que la sécurité affective familiale procure à l'enfant. Il serait dommage de conclure que la stimulation apportée par le service de garde puisse pallier tous les manques. Tout a beau y être en place pour favoriser une meilleure stabilité à l'enfant, une carence affective familiale nuira sans contredit à son équilibre.

La garderie n'est pas une école non plus ! La politique des services de garde québécois et le programme éducatif qu'elle y a instauré ne visent pas à pousser l'enfant à atteindre des niveaux de performance mais bien à lui procurer un environnement qui lui permette d'accéder lui-même, à son rythme, à son développement intégral, tout en lui donnant le temps d'être un enfant.

CHAPITRE 9

À LA RECHERCHE
DU SERVICE DE GARDE ADÉQUAT

La structure établie par le ministère de la Famille et de l'Enfance permet à tous les enfants de fréquenter un service de garde sans égard à la situation de sa famille. Au fur et à mesure que le ministère ajoute les places prévues dans son développement, elle offre également aux parents la possibilité de choisir le mode de garde qui convient le mieux à leurs attentes. Même si tous les éducateurs et responsables de service de garde en milieu familial sont compétents et bien organisés, chacun est différent et le parent devra repérer «sa» perle rare, la personne avec laquelle il sera le plus à l'aise, celle avec laquelle il «percevra» que son enfant sera le plus heureux.

Voici des pistes, et ici je m'adresse au parent, pour vous aider dans cette recherche. Comme chaque parent a une relation unique avec son enfant et une vision de l'éducation qui lui est propre, il importe que la personne qui prendra sa place partage cette vision et soit apte à transmettre à son enfant les valeurs auxquelles il croit.

Lors de vos visites dans les services de garde, dès votre première visite, efforcez-vous de saisir l'ambiance et la dynamique qui s'en dégage et n'hésitez pas à poser les questions qui pourraient vous aider à reconnaître la personne qui sera à l'écoute de vos besoins et de ceux de votre enfant.

Discutez avec les éducateurs, observez leurs attitudes et leurs façons d'intervenir auprès des enfants et tentez de percevoir la personne qui correspond le mieux à celle que vous recherchez. Le climat dans lequel votre enfant grandira doit s'harmoniser avec celui qui règne à la maison. Si vous pressentez une incompatibilité, si petite soit-elle, remettez-vous-en à votre intuition et allez voir ailleurs ; entreprenez d'autres visites jusqu'à ce que vous ayez trouvé le milieu de garde idéal pour votre enfant et pour vous.

Ne craignez rien, celui où vous vous sentirez en confiance et qui vous apparaîtra comme l'endroit souhaité pour le plein épanouissement de votre enfant sera le bon. Non pas que la garderie que vous mettrez de côté sera de piètre qualité, mais parce qu'elle n'aura tout simplement pas répondu à vos attentes. Faites confiance à votre intuition, elle est votre meilleur guide.

La première rencontre

Votre première rencontre avec la personne responsable est très importante. C'est à ce moment que vous prenez connaissance du fonctionnement de l'organisation. À partir de toutes les informations que vous avez en main et des résultats de l'analyse que vous avez faite de vos attentes, vous êtes en mesure de vérifier que tous vos critères sont respectés. Si tel est le cas, vous êtes prêt à y inscrire votre enfant et à conclure une entente.

Cette entente, signée entre vous et le CPE s'il s'agit d'une installation, ou entre vous et la responsable de service de garde s'il s'agit d'un milieu familial, mentionne des modalités courantes concernant :
• la façon d'effectuer les paiements ;
• les jours d'absences de l'enfant ;

- les jours d'ouverture et de fermeture ;
- les vacances ;
- les maladies ;
- le matériel fourni par les parents ou par le service de garde ;
- les services supplémentaires et leur coût.

Pour chaque enfant inscrit à la garderie, vous signerez une telle entente et remplirez un feuillet d'identification. De plus, vous remplirez le formulaire qui vous donne droit à la contribution réduite de 5 $. Les personnes responsables de cette inscription vous mettront au courant des différents protocoles et procédures pour l'administration de médicaments et vous demanderont de les signer si vous le jugez nécessaire. Enfin, si des activités spéciales sont prévues, il se peut que l'on vous demande de remplir d'autres formulaires conçus à cet effet.

L'information, en recevoir et en donner

L'entrée d'un enfant à la garderie peut être un événement difficile à vivre pour ses parents. Cette journée est peut-être la première où vous devez vous séparer de votre enfant depuis sa naissance. Sachez qu'il en est de même pour lui.

Cette étape de vie mérite d'être bien préparée afin que cet événement soit le moins éprouvant possible pour tous. Il importe de posséder un maximum d'informations concernant le fonctionnement du service que vous avez retenu ; n'hésitez pas à questionner les éducateurs et faites-leur connaître la personnalité de votre enfant ainsi que vos habitudes familiales.

S'il s'agit de votre poupon, pour faciliter la transition, informez le responsable de son horaire quotidien et de ses petites habitudes. Faites-le par écrit et remettez-lui une copie. Vous pourriez vous procurer un petit cahier dans lequel vous noterez ses préférences, sa façon de s'alimenter et de dormir; ajoutez-y tout ce qui vous semble pertinent et important pour lui.

Un éducateur qui est bien au fait de ses particularités est plus en mesure d'assurer une continuité des habitudes de l'enfant. Voici quelques idées pour vous aider à rassembler les détails importants:

Quels légumes aime-t-il manger et lesquels connaît-il déjà?

Quels fruits aime-t-il manger? Ses préférés?

Quelles sont ses heures normales de repas?

Éprouve-t-il des problèmes de digestion?

Réagit-il à certains aliments? Souffre-il d'allergies ou d'intolérances alimentaires?

Quelles sont les heures où vous lui donnez le biberon ou le sein?

Quelle quantité de lait boit-il?

De quelle façon le nourrissez-vous?

À quel moment lui offrez-vous de l'eau? Boit-il autre chose que du lait ou de l'eau?

Votre bébé préfère-t-il dormir sur le dos ou sur le côté?

Lui faut-il de l'obscurité dans la chambre ou dort-il habituellement avec un peu de lumière?

S'endort-il seul? Le caressez-vous ou le bercez-vous?

Y a-t-il une chanson que vous lui fredonnez régulièrement?

Y a-t-il un objet avec lequel il aime s'endormir (une doudou, une tétine, un toutou)?

Si vous croyez que d'autres détails s'avéreraient pertinents, inscrivez-les aussi. Chacune des indications que vous fournirez à son éducatrice lui permettra de connaître ses préférences et son rythme. Toutes sont pour elle d'importants «outils de travail» avec lesquels elle pourra composer pour offrir à votre enfant le meilleur prolongement de son foyer. L'adaptation de votre enfant en sera grandement favorisée.

CHAPITRE 10

LA GARDERIE AU JOUR LE JOUR

V oici d'autres points de repères qui pourront vous servir de balises pour évaluer un service de garde et trouver celui que vous recherchez. Les modes de fonctionnement peuvent varier d'un endroit à l'autre, mais les besoins de l'enfant, eux, sont invariables et doivent être pris en compte.

Les journées en garderie, tout comme celles que l'enfant passe à la maison, se partagent en divers moments et activités.

La routine, un repère rassurant

La sécurité affective de l'enfant passe d'abord par une routine. C'est en effet en retrouvant certaines habitudes que l'enfant se sent rassuré ; c'est aussi la répétition de ses habitudes, cette routine donc, qui lui permet d'apprendre à prévoir les événements.

Vivre dans un milieu organisé autour d'une routine offre à l'enfant la possibilité d'anticiper les activités et les événements. À l'aide de ces repères, il apprend petit à petit à se situer dans le temps. Et plus il est capable de prévoir les événements, plus il a la possibilité de les «attendre». Il développe ainsi chaque jour des vertus de patience et de tolérance.

Les moments d'activités répétés quotidiennement, agrémentés de chansons, de comptines, de consignes chantées, mimées ou jouées, permettent à l'enfant d'anticiper ce qui va se passer. En connaissant un peu de ce que lui réserve «l'avenir», il acquiert un peu de contrôle sur son environnement, il devient progressivement maître de situations qu'il peut prédire. Cette possibilité d'exercer un contrôle est capitale à son évolution, elle lui permet d'acquérir ainsi confiance et estime de soi.

Le milieu de garde qui répond à ce besoin de sécurité organise l'horaire de façon que l'enfant puisse développer ce sentiment de confiance en lui qui lui permette de trouver des repères capables de l'aider à s'orienter dans le temps. Par exemple, il découvre rapidement qu'il y a un «après la collation» et que cet «après» précède l'activité de jouer dehors, qu'il y a un «après le repas» pendant lequel il fait la sieste et que, bientôt, «après la sieste», son parent viendra le chercher pour le ramener à la maison! Ainsi orienté dans le temps, il vit moins de frustrations et il est capable d'attendre.

On ne dira jamais assez qu'il faut observer les comportements de l'enfant si on veut être capable de décoder les messages qu'il envoie. C'est le seul moyen de bien le comprendre et de l'accompagner dans son développement. C'est par l'observation de ses comportements que nous «entendons» ses vrais besoins. Les moments de routine procurent cette occasion de l'observer. C'est au cours de la routine quotidienne reliée aux soins individuels que l'éducatrice aura l'occasion de développer une relation intime avec lui. À la garderie, là où se côtoient plusieurs enfants, c'est au moment où l'éducatrice prodigue des soins individuels à l'enfant que tous deux peuvent profiter de ces instants de solitude ensemble. Ces moments sont des occasions de toucher l'enfant, de lui masser doucement les pieds, les jambes, la tête et tout le corps en lui parlant, des occasions de prendre conscience de sa personne tout entière. C'est à ce moment que s'établit avec lui un contact personnel et que les liens se renforcent. Ce sont au cours de ces instants, pendant lesquels ils se regardent doucement dans les yeux, qu'ils tissent leur relation.

Voici à quoi peut ressembler l'horaire d'une journée type à la garderie.

Une journée type

Quand la période d'adaptation aura fait place à un rituel quotidien, votre enfant saura que vous le conduirez chaque matin à la garderie. En installation, il se peut que vous y retrouviez son éducatrice ou son éducateur, cette personne avec qui vous avez déjà sympathisé et à qui vous confiez votre petit trésor chaque jour. Il se peut aussi qu'à une heure matinale, elle n'y soit pas encore.

La garderie en installation est ouverte onze heures par jour et les horaires sont conçus de façon que les enfants soient accompagnés de la même personne pendant la plus grande partie de la journée. En principe, les éducateurs sont présents auprès des enfants pendant sept heures tous les jours et travaillent généralement trente-cinq heures par semaine. Ce qui explique qu'au cours de la journée d'autres personnes puissent les remplacer. Les enfants les connaissent bien, ces autres personnes font aussi partie de leur quotidien. Même s'il n'y paraît pas toujours, la garderie en installation fonctionne comme une petite famille bien organisée qui tient compte de la sécurité affective des enfants. Ceux-ci retrouvent les mêmes personnes chaque jour. Pendant la journée, l'enfant entre donc en contact avec plusieurs adultes auxquels il s'attache et avec lesquels il a beaucoup de plaisir.

En milieu familial, en revanche, à moins d'une urgence ou d'un avis de la RSG concernant un remplacement planifié, c'est elle que votre enfant retrouvera chaque matin à son arrivée. La responsable de service de garde en milieu familial est sur place pendant toutes les heures de service. Les seules raisons pour lesquelles elle pourrait ne pas y être et se faire remplacer sont un cas d'urgence, une formation ou une obligation parentale. En ce qui concerne ces deux derniers motifs, elle vous aura prévenu à l'avance après en avoir informé le CPE.

En milieu familial, l'accueil des enfants le matin se déroule de la même manière qu'à la garderie. La journée débute généralement entre 7 heures et 9 heures, au moment où les enfants arrivent les uns après les autres. Le matin est généralement un moment calme, tout en douceur, et l'enfant profite de «jeux libres» en choisissant lui-même l'activité qu'il préfère. En ce début de journée, certains enfants préfèrent jouer seuls tandis que d'autres ont besoin d'un petit câlin avant de se mettre en train. D'autres s'empresseront de se joindre à un ami qui leur aura manqué depuis la veille.

Le matin, la responsable, tout comme l'éducatrice, prend le temps de dire bonjour à l'enfant et de lui demander comment il va. On donne aussi le temps au parent d'être avec lui, le temps d'assurer la transition et de lui souhaiter une belle journée. Parce que la période d'activités est libre, tout en assurant une surveillance, on profite de ce moment pour accueillir chaque enfant personnellement et discuter quelques minutes avec le parent.

LA COLLATION

Certaines garderies offrent aux enfants la possibilité de prendre leur premier repas sur place : le déjeuner est servi moyennant des frais supplémentaires ou bien les parents l'apportent à l'enfant et l'éducatrice s'occupe de le lui servir. Par contre, des services de garde n'offrent pas ce service et l'enfant doit déjà avoir mangé à son arrivée.

Après l'accueil, vers 9 heures, c'est généralement le moment où l'une des deux collations que l'enfant prendra est servie. Celle de l'après-midi est parfois plus substantielle, tenant compte du fait que certains enfants devront attendre après 18 heures pour prendre leur repas du soir à la maison.

Le déroulement des repas ne concerne pas les poupons; les bébés sont nourris selon leur horaire respectif, celui que vous avez fourni au moment de l'inscription. Cet horaire est modifié au fil des jours et de son développement jusqu'à ce que le tout-petit puisse partager le même horaire de repas que les autres.

LES SORTIES

Lorsque l'enfant est bien réveillé, qu'il a repris contact avec les amis, a fait son «pipi» et mangé sa collation, une activité lui est suggérée. Lorsque la température est clémente, on profite de ce moment de la journée pour aller jouer dehors, faire une marche, aller au parc ou à la bibliothèque. Comme la sieste monopolise une partie de l'après-midi, de telles activités sont généralement planifiées le matin. La réglementation prévoit une sortie à l'extérieur chaque jour, en autant que la température le permette.

LES MOMENTS DE ROUTINE ET DE TRANSITION

Les sorties en hiver sont plus courtes que pendant les autres saisons, en raison du froid d'abord, mais aussi du temps qu'il faut consacrer à l'habillage et au déshabillage. Le retour est suivi d'une activité choisie par les enfants ou suggérée par l'éducatrice ou l'éducateur. Le déroulement de la journée est ponctué de moments de routine et de transition. Pour passer de l'un à l'autre, les éducateurs ont recours habituellement à des chansons et à des comptines.

Tout est prétexte à jouer à la garderie : on attend son tour pour se laver les mains sur l'air d'une chanson et on prend plaisir à ranger les jouets avant le repas du midi au rythme d'une comptine qui fait rire. L'éducatrice n'a bien souvent qu'à entamer le refrain pour que les enfants l'accompagnent dans la nouvelle activité et se mettent à chanter. On apprend à vivre en groupe et à collaborer en jouant. Les moments de routine sont d'une extrême importance au cours d'une journée et prennent beaucoup de temps, c'est pourquoi on essaie d'y mettre du piquant pour qu'ils soient amusants.

LE REPAS

Le repas du midi suit habituellement de près la sortie du matin. Le dîner est servi après que les enfants ont joué un peu, le temps pour chacun de retrouver un certain calme. Le menu du repas est préparé selon le guide alimentaire canadien ; il est varié, coloré et ouvre l'appétit.

Le repas à la garderie prend une allure différente selon le groupe d'âge auquel il est destiné. Chez les plus vieux, c'est un rassemblement animé de discussions : les enfants et l'éducatrice se remémorent les activités de l'avant-midi et les trucs drôles ou cocasses qui l'ont marqué ; la discussion tourne autour de plusieurs sujets et les échanges sont intéressants. Quelques enfants, gagnés par la fatigue, voient parfois naître un petit moment d'ennui et le besoin de le partager. Chez les plus jeunes, cependant, la discussion est moins animée, les enfants sont plus las, il y en a même parfois qui s'endorment dans leur assiette ! Les éducateurs profitent de l'heure du repas pour faire observer aux enfants la couleur des aliments, leur texture et leur goût. La période du repas s'intègre parfaitement aux objectifs du programme éducatif. Le dîner devient une occasion de socialisation et de partage ; il contribue en outre au développement du langage, et de la motricité fine. L'enfant apprend à se servir adéquatement de ses couverts, à tenir son verre, à se verser du lait et à se servir. Le repas est aussi l'occasion d'apprendre à classer les aliments par groupe, par couleurs et par formes, et permet de stimuler tous les sens.

LA SIESTE

L'avant-midi leur ayant procuré beaucoup de plaisir et fait dépenser beaucoup d'énergie, à la fin du dîner les enfants sont fatigués. C'est l'heure du «dodo». C'est souvent le moment que l'on choisit pour raconter une histoire aux enfants ou pour écouter avec eux de la musique douce. C'est une période d'activités qui invite au calme et prépare les enfants au sommeil. Tous participent à l'installation des matelas, ils retrouvent leur «doudou» et avec elle l'odeur qui leur rappelle la chaleur du parent. Généralement, dormir n'est pas obligatoire, mais les enfants sont toujours d'accord pour se reposer un peu.

Bien des parents s'étonnent de constater le calme qui peut régner dans la garderie au moment de la sieste; plusieurs s'expliquent mal leur difficulté à mettre l'enfant au lit à la maison et la facilité avec laquelle il y consent à la garderie, bien que les enfants y soient si nombreux. Il faut comprendre que la dépense d'énergie, la routine et le phénomène d'entraînement y comptent pour beaucoup.

De plus, les enfants ont conscience que cette activité précède de peu le retour du parent, ce qui donne à la sieste une saveur toute spéciale. Cette période est suivie de la collation et d'autres activités qui réservent à l'enfant des découvertes amusantes jusqu'à l'arrivée du parent.

L'arrivée des parents

Le rituel de la fin de la journée diffère légèrement de celui de l'arrivée le matin; de retour à la garderie, vous pourriez ne pas retrouver votre petit ange tel que vous l'avez laissé le matin : tout frais, calme, propre et rempli d'amour pour vous… Surprise ! Souvent il n'est pas disponible et pas du tout prêt à partir.

Il vient peut-être «juste» de découvrir qu'il peut faire un truc avec des blocs et il est tout excité à l'idée de partager ce jeu avec vous ; ou bien, il est captivé par une activité avec ses amis et n'a pas non plus l'intention d'y mettre fin ; ou encore, il a mille choses à vous montrer et à vous raconter, il ne veut pas mettre son manteau et ne veut pas partir tout de suite !

Il est bien différent de l'enfant que vous avez peut-être laissé en larmes quelques heures plus tôt. Qui plus est, des événements hors de l'ordinaire ont pu avoir lieu au cours de sa journée : il a pu tomber et avoir une grosse bosse sur le front ; ses petites culottes sont peut-être toutes mouillées alors qu'il est propre depuis deux mois ; il a fait de la peinture et y a trempé malencontreusement le bord de ses manches ; il s'est disputé avec un ami et l'a frappé, etc.

Vous rentrez du travail fatigué, et votre niveau de tolérance est sans doute aussi à la baisse. Soyez patients, c'est votre attitude qui donnera sa couleur à ce moment de retrouvailles quotidiennes et qui influencera l'allure que prendra le départ.

Même si votre enfant vous a attendu toute la journée, il n'a pas prévu vous retrouver… maintenant ! Grâce à ses repères, il a pu prévoir que «bientôt» vous seriez là, mais il n'a pas encore la notion réelle du temps et il lui est encore bien difficile de renoncer au plaisir !

Si ce cas se présente, consacrez-lui un peu de temps sur place à la garderie, il sera fier de partager son environnement avec vous et de vous montrer tout ce qui compose désormais son univers. Laissez-le s'exprimer pendant quelques minutes et amenez-le doucement à l'idée de partir. Vous pouvez par exemple lui dire que vous allez discuter deux minutes avec son éducatrice, le temps qu'il dise au revoir à ses amis, ou bien que vous êtes très intéressé de voir ce qu'il a fait aujourd'hui avant de vous en aller ensemble.

Laissez-lui le temps de se faire à l'idée qu'il doit partir… bientôt. Si la situation se répète souvent et devient un problème, demandez à l'éducatrice de le prévenir de votre arrivée une quinzaine de minutes avant l'heure, de lui expliquer que maman et papa seront là bientôt et qu'il peut commencer à préparer ses affaires. De cette façon, l'enfant vous attendra et sera mieux préparé à votre retour !

La collaboration des parents

Généralement les grandes premières du développement de votre enfant surviennent à la garderie : les premières dents, les premiers pas, les premiers conflits, le premier pipi sur les toilettes.

Plus il grandit, plus il entre en contact avec de nouvelles réalités et plus son comportement se modifie à mesure qu'il maîtrise les nouvelles situations. Chaque jour qui passe lui permet de faire un pas de plus vers son autonomie. Pour acquérir toute la confiance nécessaire à son évolution, il lui faut tenter des expériences multiples qu'il apprendra à évaluer selon leur degré de difficulté et son niveau de maturation. Votre collaboration avec l'éducatrice et les responsables est le premier gage de réussite à chacune des étapes de son développement.

Un jour ou l'autre, vous serez mis au courant d'un changement de comportement chez lui ; il grandit et il s'affirme, il grandit et prend de plus en plus sa place, il grandit et il doit apprendre à maîtriser certaines pulsions. Quand il lui arrive de «grandir», il a besoin de l'aide des adultes qui l'accompagnent et, à plusieurs occasions, on vous demandera votre collaboration. Il peut s'agir d'un investissement réel de votre part, il se peut aussi que l'on vous mette simplement au courant et que l'on vous suggère de demeurer en retrait. À la garderie, ponctuellement, il arrive que le jeune enfant morde ou frappe les autres ; il va le faire pour se défendre, pour attaquer ou simplement pour se libérer d'une tension. Il ne peut pas encore s'exprimer par la parole et se sert des moyens à sa disposition pour se faire entendre et comprendre. Il se peut que votre tout-petit passe lui aussi par cette étape.

Néanmoins ces «moyens d'expressions» qui mettent en péril sa sécurité et celle de ses petits compagnons ne sauraient être tolérés. Dans ce cas, son éducatrice, son éducateur ou la RSG, vous mettra au courant de la situation et vous parlera probablement des solutions qu'il est possible d'envisager et d'appliquer pour que cessent ces comportements. C'est un sujet délicat qui mérite votre plus grande attention.

Naturellement, il est décevant d'apprendre que l'enfant qu'on chérit n'est pas parfait et cette constatation peut facilement conduire à la culpabilité : «Si mon enfant n'est pas parfait, où me suis-je trompé?» Ce sentiment peut aussi s'accompagner de frustration et de colère.

Il est normal que vous soyez bouleversé lorsqu'on vous apprend que votre enfant souffre d'une «défectuosité temporaire», mais il n'est pas nécessaire que vous interveniez si on ne vous le demande pas. Au service de garde, on applique des interventions pour ce genre de problème, assez fréquent, lorsque de jeunes enfants vivent en société. Ne tentez pas de corriger l'enfant de nouveau à la fin de la journée pour une action qu'il a commise le matin et pour laquelle l'éducatrice est déjà intervenue. Si elle vous en parle, ce n'est que pour vous mettre au courant de la situation et assurer un suivi avec vous. Les parents ne sont pas directement responsables des actes que commet leur enfant. Les gestes et les comportements de celui-ci sont le résultat de sentiments qui l'habitent, lui, au moment où il agit : il peut éprouver de la colère parce qu'un «ami» vient de s'emparer du jouet qu'il convoitait et le frapper afin de le récupérer, se sentir exaspéré parce qu'il lui faut plus que quelques minutes pour attacher son manteau, mordre un enfant qui passe près de lui, et ainsi de suite.

La peine, la colère, la déception qu'il éprouve sont des sentiments légitimes, ce sont parfois les gestes qui les accompagnent qui sont inacceptables et l'enfant doit le comprendre.

Pour parvenir à comprendre pourquoi il doit civiliser ses comportements, l'enfant a besoin de l'adulte qui, selon moi, doit intervenir en deux temps. Premièrement en acceptant et en tentant de comprendre l'émotion qui habite l'enfant. Cette empathie dont fait preuve l'adulte démontre à l'enfant qu'il est accepté, respecté et aimé tel qu'il est. L'enfant comprend alors que ce n'est pas ce qu'il est qui est rejeté mais le geste qu'il vient de faire. Deuxièmement, l'adulte doit aider l'enfant à trouver des moyens lui permettant d'identifier les sentiments qui l'envahissent pour qu'il puisse les exprimer de façon plus acceptable.

En service de garde, les éducateurs interviennent généralement dans ce sens avec un enfant dont les comportements sont agressifs ou violents. Grâce à cet appui, l'enfant, au fur et à mesure qu'il grandit, apprend à s'affirmer et à prendre sa place ; et bien que ses débuts puissent être malhabiles, il apprend à maîtriser ses moyens d'expression. C'est là la route qui conduit à la socialisation.

Les garderies sont remplies de ce petit monde qui avance vers la socialisation et d'intervenants qui l'ont compris. Faites-leur confiance ! À la garderie, on aide l'enfant à réaliser son projet de devenir grand et fort tout en lui apprenant à respecter les autres !

Lorsque l'éducatrice vous met au courant d'un événement qui est survenu au cours de la journée, écoutez-la puis demandez-lui si votre intervention s'avère utile à cette étape. En observant votre enfant pendant la journée, elle a probablement pu déceler les causes de son comportement et trouver une façon d'intervenir. Elle n'a peut-être pas besoin de votre intervention pour le moment, offrez-lui votre collaboration, faites-lui confiance et n'intervenez que si elle vous demande de le faire.

Bien sûr, il n'est pas question de tolérer des comportements violents et l'enfant doit en être informé. Il doit savoir qu'on ne l'empêche pas d'exprimer ses frustrations, mais qu'on l'amène doucement à le faire d'une manière plus acceptable qui ne cause pas de préjudice aux autres enfants.

Il est cependant difficile pour un parent de demeurer calme et serein devant un comportement inacceptable et vous risquez vous aussi de vous sentir submergé par vos émotions. Rappelez-vous que votre enfant est une personne à part entière et qu'il peut lui arriver de prendre des décisions et de commettre des gestes dont vous n'êtes pas responsable.

Dans tous les cas, vous devez lui prouver que vous faites équipe avec le personnel de la garderie et que vous travaillez ensemble à son bien-être.

Plusieurs des chapitres qui suivent sont consacrés aux interventions et vous offrent des moyens concrets d'aborder des situations qui peuvent vous sembler complexes, mais qui font partie du développement et de l'évolution normale d'un enfant.

TROISIÈME PARTIE

BEAUCOUP D'AMOUR

■

CHAPITRE 11

LA SÉPARATION,
UNE ÉTAPE RICHE EN ÉMOTIONS

Bien que l'organisation des CPE soit de plus en plus raffinée et préoccupée par le bien-être de tous, bien que toutes les structures aient été mises en place pour atteindre les buts qu'ils se sont fixés, une importante étape doit être franchie par les enfants et les parents : celle de s'adapter.

Pour la famille, plus particulièrement pour la mère, le fait de confier son enfant à un autre adulte, si responsable soit-il, entraîne des changements significatifs dans sa vie. Elle est habitée par des émotions jusqu'alors inconnues parce qu'elle doit partager avec des personnes étrangères la relation privilégiée qu'elle entretient avec son enfant.

Afin d'aider les parents à comprendre toutes les «étapes de croissance» qu'implique cette nouvelle expérience, tant pour eux que pour l'enfant, j'y ai consacré la troisième et dernière partie de ce livre. Puisse-t-elle devenir un guide fidèle qui vous rassurera et vous soutiendra chaque fois que vous serez dans le doute.

L'entrée à la garderie

Une multitude de nouvelles émotions vous envahiront, vous et votre enfant, au moment de vous séparer ; pour amoindrir les souffrances qu'elles pourraient occasionner, il vous faut d'abord les comprendre puis connaître les moyens de les influencer de façon positive.

Chaque étape de la croissance d'un enfant s'accompagne de manifestations diverses et suscite chez lui et chez ses parents diverses émotions qui doivent être dominées le plus habilement possible. Le fait de connaître les enjeux d'une situation permet déjà de mieux la maîtriser.

Devenir parent ne signifie pas que l'on puisse résoudre tous les problèmes à la fois. Chaque nouvelle situation engendre de nouveaux sentiments et crée de nouvelles émotions ; l'entrée de votre enfant à la garderie est une de ces émotions. Les petites souffrances qu'éprouve notre bébé nous troublent et nous donnent souvent une impression d'incompétence lorsque nous voulons le soulager. Pourtant, avec le temps, grâce aux connaissances que nous acquérons, nous développons les compétences que nécessite le rôle de parent.

Pour la plupart des enfants, l'entrée à la garderie s'effectue entre trois mois et deux ans. Jusque-là, l'enfant a été presque exclusivement en relation avec ses parents, plus particulièrement avec sa mère. Il se retrouve soudain dans un environnement qu'il ne connaît pas, entouré d'adultes qu'il ne connaît pas et avec qui il doit apprendre à vivre.

Il lui faut de plus renoncer à l'exclusivité. À la garderie, il va devoir tout partager avec les autres enfants : les nouveaux jouets et sa nouvelle éducatrice. De plus, tout est inconnu pour lui ; dépossédé des repères qui le sécurisaient, il se sentira complètement désorganisé.

C'est le rôle des adultes qui l'accompagnent de l'aider à franchir cette étape de façon positive; cependant, pour papa et maman il peut être difficile de le soutenir véritablement durant cette période.

En tant que parents, vous vivez sensiblement les mêmes contre-coups que votre enfant: vous aussi perdez vos repères rassurants et pouvez vous retrouver, comme lui, déstabilisé... et très ému!

Les services de garde attachent beaucoup d'importance à cette période d'adaptation et veillent à ce qu'elle soit plus facile pour tous. Dans cette nouvelle aventure que vous entreprenez ensemble, il y a des étapes à franchir. Votre bien-être et celui de votre enfant dans cette suite d'événements sont tributaires de votre capacité à vous adapter. Que nous soyons petits ou grands, chacun des détachements qui surviennent au cours de notre vie et auxquels nous devons faire face entraîne un sentiment de perte, voire de deuil. L'intensité de la douleur que crée une telle perte dépend de la force du lien qui nous attache à la personne dont nous devons nous séparer, de notre capacité à l'accepter et à nous y adapter. Dans la plupart des cas, il ne nous est pas possible de prévoir les moments de deuil et de séparation, mais dans d'autres, nous pouvons nous y préparer. Il est possible de diminuer la souffrance provoquée par la séparation au moment de l'entrée à la garderie, en préparant bien l'événement et en tentant d'en connaître les enjeux.

Afin de bien saisir le phénomène et l'expérience du détachement, il importe de comprendre le phénomène de l'attachement.

Pour parvenir à me détacher de quelque chose... je dois savoir comment cette chose est attachée...

L'attachement

Regardons de plus près comment se déroule le processus de l'attachement chez l'enfant. Lorsque celui-ci établit un lien très étroit avec une autre personne, particulièrement avec sa mère, il éprouve un fort sentiment de sécurité qui se traduit par une grande confiance envers elle. L'enfant qui établit des liens profonds avec des adultes significatifs développe sécurité et confiance, deux éléments qui le suivront toute sa vie. Voilà pourquoi il faut préserver ces liens et cette sécurité. Comme l'exprime si bien Boris Cyrulnik[4] : «L'attachement est un lien qui se tisse au quotidien.»

L'enfant qui fréquente une garderie en installation tisse des liens avec plusieurs personnes au quotidien, l'éducatrice d'abord, puis la personne qui la remplace à l'occasion. Il établit aussi des contacts avec la cuisinière et les autres membres du personnel. L'enfant apprend à vivre avec plusieurs adultes et se reconnaît des affinités avec chacun.

En milieu familial, l'enfant tisse ce lien avec une seule personne, la RSG, parfois avec son assistante, s'il y a lieu. Ces liens tissés au cours de la petite enfance sont importants parce que c'est à partir du moment ou l'enfant se sent en sécurité et confiant qu'il peut aspirer à devenir un être entièrement autonome.

En plus d'un contexte favorable au développement de son autonomie, les personnes adultes significatives qui gravitent autour de lui quotidiennement dans le milieu de garde qu'il fréquente lui offrent tous les éléments nécessaires à son développement intégral.

---

4. Boris Cyrulnik, neuropsychiatre et éthologue, auteur de plusieurs recherches sur l'attachement et la résilience.

La capacité d'adaptation

Dès les années 1960, les travaux de John Bowlby illustrent le caractère irréversible des carences affectives de la petite enfance et démontrent clairement la relation directe entre l'attachement de l'enfant à sa mère et sa capacité d'adaptation. Selon Bowlby, la qualité de ce lien construit le sentiment de confiance en soi et la sécurité du bébé, deux éléments essentiels à sa capacité d'affronter les séparations et les expériences difficiles de sa vie. Ce lien et les phénomènes qui en découlent méritent d'être connus de toutes les personnes qui participent à l'éducation d'un enfant.

Pour la mère, par exemple, il est fondamental de bien connaître le caractère du lien qui se tisse entre elle et son enfant si elle veut comprendre les processus de détachement et d'adaptation qu'ils entreprennent au moment de se séparer.

Vers l'âge de six ou huit mois, le bébé est fortement lié à sa mère. C'est à ce moment qu'il tombe amoureux pour la première fois. Ce premier amour que nous éprouvons durant l'enfance est à la fois plus fort et plus fragile que tous les autres que nous connaîtrons dans notre vie. Et puisque rien ne l'égalera, il faut le protéger.

Lorsqu'un enfant fait son entrée à la garderie, la séparation d'avec sa mère ne doit pas signifier pour lui une perte, mais une nouvelle expérience, comme il en vit chaque jour depuis sa naissance, qui va contribuer à solidifier les fondements de sa structure. Si cette expérience devait être ressentie comme une véritable perte, cette impression pourrait demeurer en lui, et l'affecter toute sa vie. Quel dommage s'il devait désormais renoncer à s'attacher à une personne par crainte de la perdre !

Pour que son équilibre soit préservé, l'enfant qui se sépare de sa mère doit ressentir pour elle une confiance inébranlable et d'elle un amour inconditionnel.

Dès la minute de l'annonce d'une grossesse, le processus d'attachement et d'adaptation s'amorce pour la future mère. Au cours des neuf mois qui suivent, à mesure que surviennent les changements, tant physiques que psychologiques, la femme doit s'adapter à diverses situations : à la transformation du corps et de la taille, à la perte de la mobilité normale, à la lourdeur du corps qui restreint ses activités, à cette petite «chose» entre elle et son conjoint qui prend de plus en plus de place, à l'idée de la famille qui s'installe. Plus tard, le stress et l'angoisse de l'accouchement sont des émotions qui requièrent aussi une adaptation continue.

À partir de la naissance, un lien entre la mère et son bébé se tisse progressivement, lien qui, petit à petit, l'imprègne de sécurité. Lorsque l'enfant paraît, la mère vit une première séparation : pour elle, c'est un premier deuil qu'elle doit affronter, elle doit se résoudre à se séparer physiquement de son enfant et à le partager avec les autres. Pour l'enfant, la gestation est aussi une période d'adaptation et d'attachement : pendant neuf mois, il s'est adapté au corps de sa mère et s'y est attaché, il a appris à reconnaître sa voix, celle de son père, il a ressenti les craintes et les joies de ses parents. Au moment de sa naissance, le processus se poursuit : il doit respirer, entendre des bruits dont il était protégé, digérer, s'accommoder des maladresses de ses nouveaux parents, mais surtout, il doit renoncer à ce bien-être utérin, à cette proximité et à cette complicité entretenue avec sa mère pendant neuf mois et qu'il ne retrouvera jamais.

La naissance est donc un premier deuil pour l'enfant et pour sa mère. Heureusement, ce deuil n'entraîne un sentiment d'abandon ni pour l'un ni pour l'autre, puisque tous deux continuent de vivre ensemble. Cependant, la naissance est le premier grand détachement auquel ils doivent faire face ensemble et c'est à partir de ce détachement que s'amorce et va se construire le processus d'attachement. Car aussi étrange que cela puisse paraître, c'est l'angoisse de la séparation qui déclenche les comportements d'attachement.

Le lien entre la mère et l'enfant

En répondant aux besoins de son bébé, en le nourrissant, en le réchauffant de sa présence et en le rassurant de sa voix, la mère lui procure toute la sécurité nécessaire à ses premiers moments dans l'existence. Souvenez-vous des échanges de regards entre vous et lui pendant l'allaitement, à lui seul ce souvenir fait comprendre toute la force de cette complicité.

C'est au cours de ses premières années, grâce à cette proximité rassurante et sécurisante, que l'enfant construit sa force et son estime de soi. Accompagné de sa mère et protégé par ce lien qui les unit, il s'aventure un peu plus loin chaque jour et développe sa confiance en la vie. Puis, vient un jour où la mère et l'enfant doivent se séparer momentanément : maman retourne au travail et bébé doit aller à la garderie.

Plus l'enfant est petit, moins il est en péril lorsque sa mère s'éloigne, pourvu qu'il puisse retrouver rapidement un autre objet d'attachement qui répondra à ses besoins. Vers l'âge de 4 mois, l'enfant réagit par des cris lorsque sa mère s'éloigne. À cet âge, on peut considérer que l'attachement est bien installé. Cependant, avant l'âge d'environ 9 mois, lorsque quelqu'un ou quelque chose disparaît de sa vue, cette personne ou cette chose n'existe plus pour l'enfant et est facilement remplaçable. De sorte que si sa mère disparaît pendant un certain temps, l'enfant en sera peu affecté, à la condition que quelqu'un prenne la relève.

Autour de 9 mois, l'enfant atteint une certaine conscience : à partir de cet âge, il se souvient que sa mère existe, même si elle n'est pas là. Parce qu'il n'est pas encore capable de se situer dans le temps, cette absence peut lui paraître éternelle et il s'ennuie d'elle énormément. L'entrée à la garderie autour de cet âge est plus marquante et, si elle n'est pas bien préparée, l'enfant peut ressentir un sentiment d'abandon et vivre un véritable deuil.

Il est possible d'amenuiser cette souffrance et de faciliter cette transition de l'enfant vers sa nouvelle vie. Afin que la séparation se fasse dans l'harmonie, lui laissant le moins de séquelles possible, la mère et l'enfant doivent s'offrir une période d'adaptation.

CHAPITRE 12

UNE NOUVELLE VIE

La période d'adaptation

Lorsqu'un enfant commence à fréquenter la garderie, il n'est pas rare que sa mère soit aux prises avec des sentiments tout à fait légitimes d'inquiétude et de culpabilité. L'enfant ressent ces émotions qui peuvent l'inquiéter.

Tout petit, le bébé perçoit sa mère comme une partie de lui-même et, de la même façon, il croit qu'il fait partie d'elle. Dans son esprit, ils ne font qu'un. À partir de l'âge de 8 ou 9 mois, la symbiose des premiers mois commence à s'estomper graduellement : le bébé comprend progressivement que sa mère est distincte de lui. Il la connaît assez bien maintenant pour la différencier des autres personnes et il éprouve un grand plaisir à être en sa présence, si bien que, s'il en est privé, il devient malheureux et s'ennuie. À cet âge, le lien est fort ; séparé de sa mère, l'enfant connaît ses premières déceptions et est soumis à un premier sentiment d'impuissance. La privation de sa mère est une des premières grandes frustrations que le bébé doit affronter et il la vit avec douleur.

De même, cette première séparation affecte sa mère qui, elle aussi, en éprouve de la peine. Il semble que plus l'attachement est fort et solide, plus grande est la douleur de la séparation.

Lors de l'entrée de l'enfant à la garderie, ce lien puissant sera protégé par la solidité de l'expérience formée par tout ce que la mère et l'enfant ont vécu ensemble auparavant, mais aussi par la qualité de leurs retrouvailles le soir et les fins de semaine. Cependant, la relation que la mère entretiendra avec les éducateurs de la garderie comptera pour beaucoup dans la protection de ce lien. L'éducateur de l'enfant est la personne qui représente la mère pendant son absence et, bien qu'elle ne puisse remplacer la mère auprès de l'enfant, celui-ci, si petit soit-il, doit être mis au courant du rôle qu'elle joue auprès de lui.

Puisque votre enfant et vous, et ici je m'adresse à la mère, êtes sur le point de vous séparer durant huit ou dix heures par jour, il est de la plus haute importance que vous viviez tous les deux le mieux possible cette séparation. Sinon, vous risquez de devenir une mère angoissée et de vous retrouver devant un enfant qui pourrait démissionner avant de finalement se résigner.

Je me souviens de ma nièce qui ne tolérait pas d'aller à la garderie et qui refusait d'être séparée de sa mère. Au début, elle pleurait beaucoup, à tel point que plusieurs responsables de garderies refusèrent de la garder ne sachant plus comment la consoler. Un peu plus tard, ayant pris conscience qu'elle n'y pouvait rien, elle a fini par se résigner. Chaque jour, dès qu'elle mettait les pieds à la garderie, elle demandait à se coucher et dormait une grande partie de la journée. Elle ne pleurait plus, elle se réfugiait dans le sommeil pour ne pas avoir à vivre cette douleur de la séparation et cette angoisse qu'elle ressentait.

On comprend qu'il soit difficile pour un enfant de vivre une telle peine. Heureusement, il est possible de réduire les tensions et le stress provoqués par son entrée à la garderie par une adaptation progressive.

Bien sûr, il est impossible d'écarter toutes les émotions et toutes les réactions suscitées par cette expérience, mais votre complicité avec l'éducatrice et votre compréhension des manifestations de ce détachement sont les meilleurs atouts pour que les choses se passent en douceur.

Au moment de l'inscription, discutez avec l'éducatrice de votre désir de venir passer du temps avec votre enfant, afin qu'il puisse apprivoiser son nouvel environnement en votre compagnie. Prenez du temps pour accompagner votre enfant au service de garde et passer quelques heures avec lui. La première journée, présentez-lui son éducatrice et les autres enfants. Permettez-lui d'explorer son nouveau milieu en votre compagnie, gardez-le près de vous, tenez-le dans vos bras jusqu'à ce que ce soit lui qui exprime le désir de s'aventurer seul, un peu plus loin.

Restez près de lui ; s'il a besoin d'être rassuré, il pourra retourner dans la chaleur de vos bras. Lorsque vous sentirez que vous êtes tous les deux prêts à vous séparer, faites-lui savoir que vous serez parti seulement quelques minutes et que vous reviendrez bientôt le chercher. Vous pouvez lui dire, par exemple, que vous allez chercher un café et que vous revenez tout de suite.

S'il accepte, partez une première fois et revenez au bout de quinze minutes. Passez quelque temps avec lui avant de le ramener à la maison. Le lendemain, si tout s'est bien passé, recréez la même situation, mais cette fois, expliquez-lui que vous allez chercher du lait à l'épicerie et que vous reviendrez ensuite près de lui.

Partez alors pour trente minutes ou un peu plus et revenez. Si vous jugez qu'il vaut mieux vous en tenir à une quinzaine de minutes encore ce jour-là, faites-le. Ne forcez rien, donnez-vous du temps à tous les deux. La deuxième journée, par exemple, vous pourriez choisir de faire coïncider votre retour avec l'heure du repas et de partager son dîner avec lui. L'enfant s'habituera ainsi à la présence d'autres personnes autour de lui, en même temps qu'il apprendra à tolérer votre absence durant de courtes périodes. Tant qu'il n'aura pas l'assurance et la confiance absolue que vous reviendrez le chercher, il connaîtra, et vous de même, une période difficile.

Au fur et à mesure qu'il acquiert la certitude que vous reviendrez, sa réaction à votre départ s'atténuera. Ne filez jamais «à l'anglaise», cela ébranlerait la confiance que votre enfant a en vous et il percevrait ce geste comme une trahison. C'est un être humain et il a le droit de connaître la vérité, même s'il est petit; après tout il est très concerné par cette situation et c'est lui manifester du respect que de l'informer de vos intentions et de ce qui se passe dans «sa» vie. J'ai souvent vu des parents profiter d'un moment d'inattention de leur enfant pour partir en douce, croyant que c'était la meilleure attitude à adopter pour lui éviter les douleurs de la séparation et du départ. C'est la pire chose à faire, l'enfant se sent complètement abandonné et trahi; il peut s'imaginer qu'il ne vous reverra jamais!

Son bonheur d'être à la garderie s'accroîtra en même temps que se développera sa confiance.

J'ai une amie qui est tombée amoureuse d'un Japonais venu faire un stage de médecine à Montréal. Ils ont convenu que quelque temps après son retour au Japon, elle irait le rejoindre là-bas. Elle est donc partie comme prévu. À son arrivée à l'aéroport, après avoir débarqué de l'avion, elle se rendit compte qu'il n'était pas là. En le cherchant des yeux, elle aperçut un homme qui tenait un écriteau sur lequel était inscrit son prénom. À ce moment, c'est la seule chose qu'elle pouvait lire et comprendre. Elle ne connaissait ni le pays ni la langue. Elle se retrouvait seule, désemparée et angoissée. Elle ne pouvait communiquer avec cet homme que par signes. Elle finit tout de même par comprendre que son amoureux avait été retenu à l'hôpital où il travaillait et qu'il avait confié à un ami la responsabilité de venir la chercher à l'aéroport.

Lorsqu'elle m'a raconté cet épisode et l'état dans lequel elle s'était sentie, complètement seule, abandonnée et sans personne avec qui communiquer, sans aucune figure connue et dans un environnement qui ne ressemblait à rien de ce qu'elle connaissait, j'ai compris tout ce que pouvait ressentir un tout-petit lorsqu'il «débarquait» à la garderie.

Si vous en avez la possibilité, amenez votre enfant au service de garde plusieurs jours, voire plusieurs semaines avec vous avant son entrée définitive et absentez-vous pour des périodes de plus en plus longues, toujours en le prévenant et en lui «racontant» ce qui va se passer. S'il éprouve de la difficulté, raccourcissez votre temps d'absence jusqu'à ce qu'il soit prêt. Allez-y doucement, cela en vaut la peine. Plus les jours passeront, plus il apprivoisera son nouveau milieu, et plus il sentira la confiance dont vous faites preuve à l'égard des éducateurs et du rôle qu'ils tiennent auprès de lui.

Les rôles de chacun

La psychanalyste Françoise Dolto réaffirme dans tous ses livres l'importance que la mère explique à son bébé, en présence de la personne à qui elle le confie, que cette personne ne prend pas sa place de mère, mais qu'elle va s'occuper de lui pendant son absence; l'enfant doit savoir que sa mère va revenir le chercher le plus vite possible. Ces explications le rassurent. Utilisez des mots simples, mais faites-lui savoir. Certaines personnes pourraient douter de l'utilité de ce dialogue, disant que les bébés ne comprennent pas ces explications, qu'ils sont trop «petits» et que votre démarche est vaine; je peux vous assurer, pour l'avoir constaté à maintes reprises, que les bébés comprennent... Je ne sais pas ce qu'ils comprennent exactement, mais l'effet est inévitablement positif. Faites-en l'expérience.

Mme Dolto a toujours beaucoup insisté sur la nécessité de préciser les rôles distincts de la mère et de la personne chargée de garder l'enfant. Elle affirme aussi que celui-ci éprouve beaucoup moins de difficulté à s'adapter lorsque les rôles sont clairement définis. Selon elle, chacun doit bien expliquer à l'enfant la place qu'il va tenir auprès de lui et s'assurer que le petit comprend. Je m'adresse souvent aux mères dans ce chapitre, mais il est bien évident que le père peut lui aussi avoir la même attitude d'engagement. En tant que parent, vous devez d'abord expliquer à votre enfant, même si c'est un tout petit bébé, que vous devez le faire garder, que la personne qui prendra soin de lui durant votre absence (nommez cette personne par son prénom), ne prendra jamais votre place auprès de lui et ne deviendra jamais sa maman ou son papa. Dites-lui que vous êtes ses parents pour toujours !

Toujours selon Mme Dolto, il importe également de lui dire que vous reviendrez le chercher. Expliquez-lui tout cela en présence de la personne qui en prendra soin pendant votre absence (que vous nommerez toujours par son prénom), afin qu'il sache bien que vous lui faites confiance et que vous le laissez sans éprouver d'inquiétude.

De son côté, cette personne qui en est responsable devra lui tenir le même discours : pendant votre absence, elle rappellera à votre enfant que vous êtes au travail, que vous pensez à lui et que vous viendrez le chercher bientôt. Peut-être avez-vous déjà eu l'occasion de vous rendre compte à quel point votre enfant peut percevoir votre insécurité ; eh bien, il est aussi capable de ressentir la confiance que vous placez en la personne qui va s'occuper de lui pendant votre absence. Françoise Dolto appelle cette démarche « la passation du pouvoir ».

Au fil des ans, alors que j'ai été témoin des premiers jours à la garderie de milliers d'enfants, j'ai fréquemment entendu des bébés pleurer leur peine. Lorsque la peine me semblait trop grande, parfois,

j'allais chercher l'enfant et l'amenais à l'écart pour le bercer doucement. Tout en le berçant, je lui racontais ce qui lui arrivait en essayant
de le rassurer. Je lui expliquais à quel point je comprenais sa peine,
que sa maman et son papa allaient revenir, qu'ils étaient au travail et
que, bientôt, ils seraient là. Je l'encourageais également en lui disant
que d'ici là, en attendant qu'ils reviennent, «Maryse» allait prendre soin
de lui. Je lui disais aussi que sa maman pensait à lui très fort et qu'elle
l'aimait beaucoup. Et chaque fois, le bébé me regardait fixement dans
les yeux et se calmait.

Bien sûr, ce n'est pas une formule magique et l'enfant entretiendra ce besoin d'être rassuré durant plusieurs jours et plusieurs fois
par jour. Plus le lien d'attachement est fort et plus votre enfant réagira
à votre départ. Ce lien, c'est sa sécurité, et c'est cette sécurité qui l'inci-
tera plus tard à s'aventurer un peu plus loin et à évoluer. Il faut savoir
que cette confiance qui l'accompagnera durant toute sa vie est en
relation avec la qualité de ce premier lien avec sa mère dont il se servira pour se socialiser et créer d'autres liens. C'est pourquoi il est si
important de lui laisser le temps de s'adapter à ce grand changement
afin qu'il puisse accepter votre séparation. La préparation de sa venue
à la garderie est primordiale, autant pour l'enfant que pour toute sa
famille.

Je connais au moins un autre moyen d'atténuer le choc, qui s'avère
un truc indispensable : apportez un objet de la maison qui vous appartient et qui porte votre odeur, par exemple un chandail ou un foulard.
Cet objet sécurisera énormément votre enfant, il se sentira plus près de
vous et cet objet qui vous représente symboliquement lui permettra de
croire en votre retour. S'il a déjà adopté une «doudou» apportez-la aussi,
il associera ces objets à votre présence.

Selon le Dr Donald Winnicott, ces «objets transitionnels»[5] sont pour
l'enfant un symbole de sa mère et compensent son absence. Grâce
à cet objet, il se sent de nouveau uni à elle et cette impression lui

permet d'accepter la séparation. Si votre enfant est un peu plus âgé, autour de deux ans par exemple, une photo de vous et de son père, qu'il gardera près de lui, aura pour effet de diminuer l'angoisse et pourra même l'enrayer et dissiper l'ennui qu'il éprouve en votre absence. Cette idée de photo a littéralement «sauvé» ma petite fille du désespoir lors de son passage à la garderie. Elle s'ennuyait et pleurait beaucoup; rien ni personne ne pouvait lui enlever ce gros chagrin. Un jour, je lui ai donné une toute petite photo de moi en lui expliquant que cette photo me permettrait d'être continuellement près d'elle en pensée et que si elle s'ennuyait très fort elle n'aurait qu'à la regarder pour que je me mette moi aussi à penser à elle. Elle en a d'abord éprouvé une grande joie, qui fut suivie d'un visible soulagement. Le lendemain matin, elle l'a glissée dans sa poche et a commencé à être heureuse à la garderie... en ma compagnie.

Aujourd'hui, devenue adulte, elle se souvient de ce moment magique; elle m'a même confié dernièrement qu'elle agira exactement de la même manière lorsqu'elle deviendra mère et qu'il lui faudra confier son enfant à une autre personne.

L'adaptation d'un enfant peut s'étaler sur quatre ou cinq semaines, parfois plus, parfois moins. L'attitude des parents, particulièrement celle de sa mère joue un rôle clé dans ce processus.

Lorsque l'enfant est âgé de deux ans, il lui est possible de se servir de points de repère lui apportant des précisions concernant le moment où vous reviendrez le chercher, par exemple, «après la collation ou après le dodo». À cet âge, l'enfant commence à s'orienter dans l'espace-temps en prenant conscience de la répétition des activités auxquelles il participe. D'où la nécessité de créer une certaine routine dans son quotidien.

---

5. Le Dr Donald Winnicott (1896-1971), pédiatre et psychanalyste, a élaboré le concept de l'objet transitionnel chez l'enfant.

Le choix des parents

Les parents sont responsables de l'éducation de leur enfant; ils ont choisi pour lui le service de garde qui correspond le mieux à leurs attentes et à leurs besoins. Tout le personnel, et particulièrement la personne responsable de l'enfant, doivent être considérés comme des partenaires ayant pour intérêt premier le bien-être de l'enfant. Il est donc essentiel d'établir avec eux une bonne communication. C'est grâce à une communication continue, une relation ouverte, un climat de confiance et de collaboration que la stabilité et l'équilibre dans l'éducation de l'enfant peuvent être maintenus.

Généralement, quelques minutes après le départ de sa maman, l'enfant est déjà en train de construire «l'édifice du futur» avec ses amis. Ce qui n'est pas le cas de sa mère qui se morfond une partie de la journée, inquiète, incapable d'oublier son regard triste et les larmes qui ont coulé sur ses joues lors de son départ le matin. Au cours de ces premières journées, n'hésitez pas à téléphoner au service de garde afin de prendre de ses nouvelles; et si vous jugez nécessaire de lui parler, faites-le. La personne responsable de votre enfant se fera un plaisir de vous dire comment se passe cette journée et vous serez rassuré.

La communication avec l'éducatrice

Chaque jour, au retour des parents, les éducateurs prennent soin de résumer les expériences de chacun et les progrès accomplis. Naturellement, cette heure où les va-et-vient sont nombreux et où la surveillance doit être renforcée n'est pas la plus propice aux longues explications et l'éducatrice ne dispose que de très peu de temps pour rendre compte des détails. Peut-être pouvez-vous convenir avec elle d'un autre moyen de communication. Demandez-lui si elle peut prendre quelques minutes chaque jour pour vous «décrire» les moments importants qui sont survenus au cours de la journée. Souvent, les éducateurs disposent pour chaque enfant d'un petit cahier dans lequel ils inscrivent les événements importants survenus au cours des différentes activités : repas, sieste, indiquant les réactions et les humeurs dans chaque cas. On y mentionne également des faits cocasses, un progrès, un «mot d'enfant».

Vous pouvez apporter ce cahier à la maison si vous le désirez, le lire à tête reposée et tranquillement, y ajouter le soir vos propres anecdotes ou les moments tendres que vous avez vécus avec votre petit. Vous pouvez également vous servir de ce cahier pour transmettre à l'éducatrice des informations que vous considérez pertinentes et qui pourraient éventuellement faire la lumière sur des questions restées sans réponse ou des faits expliquant des comportements. Ces informations sont essentielles et peuvent être utiles d'un côté comme de l'autre.

Il se peut qu'une difficulté familiale ait des effets sur votre enfant, ce qui pourrait expliquer des attitudes inhabituelles ou des perturbations. Informée de cette situation, l'éducatrice pourra faire la part des choses et mieux comprendre les changements d'humeur de l'enfant. Si vous êtes à l'aise et avez développé ensemble une bonne relation et une certaine complicité, vous pourrez lui confier tout ce qui vous semble avoir une influence sur les attitudes de votre enfant. Souvenez-vous que l'éducatrice a les compétences nécessaires pour assurer un bon suivi au quotidien avec l'enfant, vous aider et vous soutenir. Il lui sera plus facile d'adapter ses interventions si elle sait et comprend ce que l'enfant est en train de vivre. La relation que vous établissez avec cette personne et le centre de la petite enfance est déterminante pour le confort de chacun, surtout pour celui de l'enfant. Toutes les informations que vous fournirez seront précieuses et indispensables à son bien-être.

CHAPITRE 13

LE DÉVELOPPEMENT DE L'ENFANT

Lorsque l'enfant paraît et que nous devenons parents, ce nouveau rôle qu'il nous faut tenir et pour lequel il n'existe pas de méthode d'apprentissage autre que l'intuition nous plonge dans l'insécurité et la peur. Et souvent nous pensons que l'amour que nous éprouvons pour ce petit être saura nous apporter toutes les compétences nécessaires à son éducation. Or, il faut bien le reconnaître, seul, l'amour ne suffit pas.

Chaque mère «attend» le bébé qui ressemblera à celui qu'elle a imaginé durant sa grossesse et plusieurs s'inquiètent, à sa naissance, que la réalité soit quelque peu différente. Au fil des jours, la mère apprend à mieux connaître son enfant et à identifier ses besoins. Elle est dévorée par la curiosité d'en apprendre davantage sur sa personnalité; le moindre balbutiement, le plus petit signe de reconnaissance de sa part lui servent à avancer dans cet apprentissage et à la conforter dans son rôle de parent. Ses capacités à communiquer avec son bébé augmentent et elle acquiert petit à petit les compétences nécessaires pour l'accompagner et le soutenir dans son développement. Nous pouvons presque dire qu'elle grandit avec lui.

Il n'y a pas si longtemps, la petite enfance n'était pas considérée comme une étape importante de la vie humaine. C'est en la scrutant de plus près que les chercheurs ont découvert ce riche univers et l'étendue de ses influences sur l'existence des êtres humains. La connaissance de chacune des étapes du développement de l'enfant s'avère très précieuse, car elle permet d'intervenir quand l'intuition et l'instinct maternel nous font défaut ou ne suffisent plus.

Les prochaines pages vous informeront sur cette route qu'emprunte votre enfant à sa naissance et sur laquelle vous cheminerez aussi.

Le développement selon Piaget

La théorie qu'a élaborée Jean Piaget[6] sur le développement de l'enfant est encore de nos jours la plus convaincante. Le psychologue distingue quatre périodes dans le développement moteur et l'intelligence chez l'enfant:
- le stade sensori-moteur de 0 à 2 ans;
- le stade préopératoire ou prélogique de 2 à 7-8 ans;
- le stade des opérations concrètes de 7-8 ans à 12 ans;
- le stade des opérations formelles.

J'aborderai les deux étapes qui concernent les enfants qui fréquentent la garderie, soit le stade sensori-moteur et le stade préopératoire.

LE STADE SENSORI-MOTEUR, DE ZÉRO À DEUX ANS

Le stade sensori-moteur précède la période de l'apprentissage du langage. Cette période où l'enfant communique par ses sens est d'autant

---

6. Psychologue et pédagogue suisse (1896-1980).

plus importante que c'est durant celle-ci que l'enfant apprend à construire mentalement le réel. Il développe au cours de cette étape les notions
d'objet, d'espace, de temps et de causalité. À sa naissance, l'enfant ne
possède aucune de ces notions, il les acquiert au cours de son évolution.

Son évolution motrice se développe en même temps que sa structure
intellectuelle. Ainsi, vers l'âge de trois ou quatre mois, l'enfant peut rester
sur le dos avec la tête mobile ; il commence à se déplacer dans son lit par
hasard, puis volontairement, et bientôt il pourra se tourner sur le ventre.

La notion d'objet n'existe pas encore pour lui, l'objet n'a aucune
permanence. À cette étape de son évolution, lorsqu'un objet ou une
personne disparaît de son champ visuel, cet objet ou cette personne
n'existe plus pour lui. Ce n'est qu'un peu plus tard qu'il commencera
à chercher l'objet disparu, mais il ne pourra pas encore tenir compte
des déplacements de cet objet. Petit à petit, à mesure que passeront
les mois et qu'il construira des relations de temps et d'espace, il tien-
dra compte de plus en plus des déplacements des objets ou des personnes, et commencera à les chercher lorsqu'il les verra disparaître.

Vers l'âge de neuf mois, il commence à se rappeler que sa mère existe
même s'il ne la voit plus, mais n'ayant encore aucune notion du temps
et de l'espace, il ne peut absolument pas considérer ses déplacements.
C'est pourquoi l'entrée à la garderie vers cet âge peut provoquer plus
de difficultés, comme je l'ai mentionné au chapitre 11.

Vers l'âge de cinq mois, l'enfant aime rester assis maintenu par des
coussins et il apprécie être mis sur ses pieds, mais ne contrôle pas
encore la station debout. Petit à petit, vers six ou sept mois, il se tient
assis seul, et, plus les semaines passent, plus il devient solide.

C'est environ à l'âge d'un an qu'il s'engage vers une nouvelle
station qu'il conservera toute sa vie : il se met debout. C'est également
vers cet âge qu'il commence à imiter l'adulte dans son langage, ses
mimiques et ses gestes. Il commence aussi à mesurer l'espace et la
place qu'il y tient. Quand, assis sur sa chaise haute, il laisse tomber

des objets et de la nourriture à répétition, n'allez surtout pas croire qu'il veut vous défier! Il est tout simplement en train d'expérimenter ses premières notions de mesure et de distance et il trouve ses découvertes très drôles.

Doucement, parfois sans que ses parents ne comprennent toutes les raisons qui le poussent à faire ou à répéter des gestes, il devient capable de résoudre des petits problèmes d'ordre pratique. Bientôt il saura que pour réussir à atteindre un objet éloigné de lui, il va tirer sur cet objet ou sur la ficelle qui le retient. Au début de sa vie, l'enfant répète des gestes par pur plaisir, mais entre 8 et 12 mois, il agit dans un but précis. Au fur et à mesure de son évolution, il progresse et découvre beaucoup par tâtonnements, grâce à des essais et à des erreurs répétés, de la même façon que nous avons appris nous aussi à résoudre des problèmes.

Au fil du temps, il commence à combiner des moyens qu'il connaît pour trouver des solutions pratiques un peu plus compliquées. Il est capable de prévoir les résultats de son action avant même d'agir. Par exemple, il sait qu'il pourra atteindre le biscuit qui est sur le comptoir s'il approche la chaise et monte dessus.

C'est ce que Piaget appelle des «représentations mentales» et c'est à ce moment que l'enfant entre dans la période suivante: le stade préopératoire.

LE STADE PRÉOPÉRATOIRE, DE DEUX À SEPT ANS

Cette période se divise en deux sous-périodes, la première, la pensée symbolique et la seconde, la pensée intuitive. La période de la pensée symbolique se situe entre deux ans et quatre ans et correspond à l'apparition de l'utilisation du «symbole» sous différentes formes: le langage, qui se développe de jour en jour et qui permet à l'enfant d'exprimer sa pensée et ses observations à l'aide de mots et l'imitation, ce «langage-symbole», qui lui permet de reconstituer des comportements et des attitudes déjà vus. Ce «jeu symbolique» permet à l'enfant de transférer des situations qu'il a vécues et connues; grâce à ce jeu, il peut faire semblant et organiser les événements selon sa réalité à lui. À cet âge, l'enfant est capable de se représenter des choses et de les évoquer avec des gestes et des mots. Maintenant il parle!

La pensée intuitive, elle, se situe entre l'âge de quatre et huit ans. Au cours de ces années, la pensée de l'enfant atteint une certaine capacité d'abstraction. Dès cet âge, il commence à raisonner de façon intuitive, c'est-à-dire qu'il n'émet pas ses jugements selon les lois de la logique adulte, mais selon les résultats obtenus. Ainsi, il dit que le soleil bouge parce qu'il le voit tous les soirs se coucher derrière la montagne. Il effectuera des choix en fonction des apparences et préférera de beaucoup le verre de jus très long et étroit parce qu'il contient beaucoup plus de jus que celui qui est petit et large même si les deux verres contiennent six onces chacun. Son cheminement d'étape en étape se fait de façon naturelle et sa fréquentation d'un milieu de garde lui procurera maintes occasions d'être stimulé et de vivre de telles expériences. La stimulation contribue à enrichir son potentiel déjà existant. Le CPE organise l'environnement de façon à provoquer la curiosité de l'enfant, ce qui l'amène à tenter toutes sortes d'expériences stimulantes en respectant son rythme.

CHAPITRE 14

LE PROGRAMME ÉDUCATIF DES CENTRES DE LA PETITE ENFANCE

Le programme et son application

Le MFE confie aux centres de la petite enfance un mandat de surveillance et de contrôle dans l'application des règlements, ainsi que pour l'application du programme éducatif, tant en installation qu'en milieu familial. En plus d'avoir accès à diverses subventions, comme la contribution aux frais de garde, le parent peut être rassuré sur ce que vit son enfant au jour le jour et sur les soins qui lui sont apportés. Partout au Québec, qu'il s'agisse d'un service de garde en installation ou en milieu familial, le même programme éducatif est appliqué. Advenant un changement de localité, les familles peuvent être certaines de retrouver la même philosophie éducative et la même base sécurisante pour leur enfant.

Il est prescrit par la réglementation des CPE que tous les services de garde appliquent un programme éducatif conçu pour favoriser le plein épanouissement de l'enfant. Cette approche ne suggère aucunement une scolarisation prématurée. L'enfant de zéro à cinq ans a besoin d'expérimenter, de découvrir tout ce qui fait partie de son milieu, à son rythme. L'application du programme éducatif favorise l'exploration de chacun des aspects de son développement. Il permet une éducation psychomotrice complète en ce qui a trait au développement du langage de l'enfant, de l'expression et de la connaissance de son corps, de ses habiletés manuelles, logiques, artistiques et sociales. Le programme éducatif au quotidien *tient compte* uniquement des intérêts des enfants. L'apport de l'adulte se limite, en plus de sa présence physique, à l'observation, l'écoute et l'aménagement d'un environnement propre à favoriser son développement intégral. Les activités doivent avoir comme point de départ les intérêts de l'enfant. Parce que les intérêts et les idées de l'enfant sont directement reliés à sa vie et à son niveau de développement, le CPE en tient compte dans les activités qu'il propose.

Demander à un enfant de faire une chose qu'il n'est pas encore capable de faire, c'est lui révéler qu'il n'est pas capable de la faire.

Le programme éducatif est conçu dans le respect du niveau de développement de l'enfant et se plie à son rythme d'apprentissage personnel. Le rôle de l'adulte au service de garde n'est pas de lui montrer comment faire les choses, mais de le guider et de lui fournir un environnement suffisamment riche en stimulations pour qu'il accède par lui-même à des niveaux supérieurs de connaissance.

L'enfant vit dans des conditions qui favorisent sa découverte du plaisir par sa propre activité. Par exemple, s'il convoite un objet et qu'il peut y avoir accès en grimpant, il aura tôt fait de faire l'effort nécessaire pour l'obtenir en profitant du plaisir et de la fierté d'avoir réussi. Pour ce faire, il faut évidemment que tout soit en place pour que naisse chez lui le goût de l'expérimentation. L'enfant doit vivre dans un environnement où il peut avoir accès aux choses dont il a envie et besoin ; c'est de cette façon qu'il parviendra graduellement à l'autonomie et qu'il apprendra petit à petit à exercer un contrôle sur son environnement. Il commence ainsi à résoudre lui-même ses problèmes et ne développe pas de dépendance inutile envers les adultes qui l'entourent. Chaque jour, il éprouve une plus grande fierté et devient de plus en plus habile.

Les petits coins

Les locaux des services de garde sont organisés en aires de jeux qu'on appelle des «coins». «Va dans le coin» est une expression qui n'a plus du tout la signification qu'on lui connaissait jadis! Il y a le coin cuisine, le coin repos, le coin poupées, le coin arts plastiques, le coin jeux sur table, etc. Cette manière de concevoir l'aménagement donne à l'enfant tout loisir de choisir d'explorer son environnement en lui proposant une multitude de situations.

Chaque coin comprend un matériel varié choisi en fonction de l'âge des enfants et de leur rythme d'apprentissage. Par exemple, dans le coin jeux sur table, on retrouve des casse-tête, des jeux de manipulation, des jeux pour emboîter, empiler, verser et vider, etc.

Le coin arts plastiques propose à l'enfant d'explorer ses sens à l'aide des couleurs, des textures, des odeurs, ce qui lui permet de découvrir ses goûts pour la peinture, le dessin et le bricolage. Selon son niveau de maturité ou de curiosité, son désir d'expérimenter et de résoudre les problèmes, l'enfant a la liberté de choisir l'activité qui correspond le plus à son goût du moment et peut se diriger vers le jeu ou l'activité qui lui convient.

La plupart des services de garde sont également dotés d'un coin à thème que les éducateurs modifient au gré des saisons ou des intérêts des enfants. D'autres possèdent un coin sciences où l'enfant expérimente et découvre divers phénomènes liés à la physique ou à la nature.

Le coin marionnettes est très populaire auprès des enfants et leur donne la possibilité de «régler leurs comptes». Dans ce coin, qui propose des jeux de rôle, l'enfant a tout loisir, caché derrière le castelet, en manipulant lui-même les marionnettes de leur faire vivre à sa place une situation qu'il a peut-être trouvée difficile et qu'il va transformer à sa guise. Ce jeu de théâtre fait appel à sa créativité et à ses talents d'acteur. Il sert magnifiquement à inventer des histoires abracadabrantes qu'il raconte «aux amis».

La qualité de l'environnement et des échanges affectifs

Le programme éducatif préconise un environnement stimulant, mais ne se limite pas à l'organisation spatiale du local où l'enfant évolue; il insiste également sur la qualité des échanges affectifs entre lui et l'adulte qui l'accompagne, c'est-à-dire l'éducateur ou la personne responsable.

Des études faites dans des crèches et des orphelinats ont prouvé qu'un enfant privé d'affection peut développer des troubles graves causant des retards de développement. Le service de garde offre donc à l'enfant qui le fréquente un milieu stimulant et chaleureux pourvu de normes éducatives souples. Chaque enfant y reçoit toute l'attention que requiert son niveau de développement et de maturité, sans égard pour son âge. On aura beau stimuler un enfant de toutes les manières possibles, seul un contexte affectif de qualité rendra toutes ces stimulations efficaces et le conduira vers l'autonomie.

CHAPITRE 15

LE CHEMIN DE L'AUTONOMIE

Même si tous les parents du monde éprouvent des difficultés à voir s'éloigner leur enfant, il n'en demeure pas moins que chaque fois que l'enfant s'aventure un peu plus loin, il fait un pas de plus sur le chemin de son autonomie. Bien des parents appréhendent cet éloignement de leur enfant, s'imaginant qu'ils perdront sur lui toute leur influence et croyant que celui-ci aura moins besoin d'eux. Ce sentiment est normal : personne n'a envie de voir partir quelqu'un qu'il aime et il est difficile pour un parent de concevoir allègrement les départs et les séparations que la vie impose. Mais malgré toutes ses craintes, le parent n'a d'autre choix que de regarder son enfant s'éloigner en souhaitant qu'il ait emmagasiné le nécessaire pour poursuivre sa route, lui assurant sa présence lorsqu'il voudra revenir.

Plusieurs parents éprouvent de grandes difficultés à desserrer leur étreinte : ils ne quittent leur enfant qu'à contrecœur, éprouvent une grande peine à s'en séparer, interviennent continuellement à chacun de ses premiers pas en avant, se précipitent dès qu'il est sur le point de tomber ou de pleurer.

L'enfant apprend rapidement que, à sa plus petite tentative pour aller de l'avant, à son moindre geste vers l'inconnu, maman va voler à son secours et papa va lui éviter toute frustration. Même entouré de tant d'amour, l'enfant risque de passer à côté d'expériences indispensables à son évolution et de ne pas découvrir le goût de l'effort et de la persévérance. Il saura d'avance que lui seront épargnées toutes les difficultés dont il pourrait avoir à souffrir et que, pour atteindre ce qu'il désire, il n'a qu'à pleurer ou à crier pour que l'auteur de son bonheur vienne résoudre le problème à sa place.

Le petit bébé

Au début de sa vie, l'enfant pleure lorsqu'il ne se sent pas à l'aise, sans pouvoir identifier la raison de son malaise : sa couche peut être souillée, il a peut-être faim, froid ou trop chaud. C'est d'abord sa mère qui apprend à reconnaître les raisons de ses pleurs et l'intensité de l'urgence, c'est elle qui vient rapidement à son secours. L'enfant apprend dès ses premiers mois que, lorsqu'il pleure, quelqu'un répond à ses appels à l'aide et vient le soulager. Il reconnaît rapidement qui sont ces personnes de confiance : sa maman, son papa ou son éducatrice.

Entre cinq et huit mois environ, il sait que ses pleurs font réagir et il s'en sert pour appeler. Il reconnaît très bien maintenant les personnes qui font partie de son quotidien, il éprouve beaucoup de plaisir à les voir apparaître et cela le rend très heureux. Son sourire et ses cris de joie confirment sa satisfaction ; il découvre petit à petit son pouvoir sur son environnement, il sait comment faire pour être soulagé de ses tensions.

Il pleure d'ailleurs de moins en moins souvent ; plus il vieillit, plus il devient actif et moins il pleure. En répondant à ses pleurs, qui sont pour lui le seul moyen de s'exprimer, le parent engage avec lui un premier échange, c'est un début de communication.

L'éducatrice de la pouponnière connaît bien le langage du tout-petit et apprend rapidement à reconnaître et à satisfaire ses besoins.

Faites-lui confiance et parlez-lui de vos inquiétudes. Il se peut qu'elle décode un message que vous n'avez pas encore compris; il se peut aussi que vous connaissiez une façon de satisfaire une demande de votre bébé qu'elle aimerait connaître. Il est important que vous partagiez ensemble votre vision de l'évolution de votre bébé, il n'en sera que plus heureux dans son quotidien.

Vers l'âge de neuf mois, l'enfant commence à demander

Le fait d'avoir reçu des réponses à ses demandes encourage l'enfant à persévérer dans cette voie qu'il emprunte sur le chemin de l'autonomie. Parfois on lui refuse des choses qu'il désire, on le contrarie, on lui retire un objet avec lequel il pourrait se blesser, on lui demande d'attendre parce que le repas n'est pas tout à fait prêt, on l'oblige à supporter un habillage long et contraignant parce qu'il fait froid dehors, on l'amène à la garderie alors qu'il n'en a pas envie; bref il affronte ses premières frustrations.

Vers l'âge de 18 mois, l'enfant commence à exiger

Cette période de la vie est tout à fait propice à l'application des messages avec le «je». Sans doute avez-vous entendu parler du modèle éducatif de Thomas Gordon[7], si vous ne l'avez pas déjà expérimenté. Auteur de nombreux ouvrages, notamment de *Parents efficaces*, sa théorie se fonde sur la croyance qu'un enfant a davantage besoin d'apprendre à maîtriser ses comportements de façon autonome que de se faire dire par l'adulte comment il doit agir.

---

7. Thomas Gordon, *Parents efficaces,* Montréal, Le Jour, éditeur, 1976.

Autour de 18 mois, les exigences de l'enfant et les manifestations qui les accompagnent peuvent facilement conduire l'adulte à développer avec lui une relation de pouvoir. «Ce n'est pas lui qui va décider ce qui est bon pour lui.» «Je sais qu'il y a du danger et il est trop petit pour comprendre, il doit m'écouter.»

Les confrontations

Gordon propose une démarche selon laquelle l'adulte doit d'abord découvrir à qui appartient le problème avant d'intervenir. Par exemple, dans les situations suivantes, le problème appartient à l'enfant:

Philippe a 20 mois. Il refuse de mettre ses bottes pour aller dehors, alors qu'il y a de la neige. Vous lui avez expliqué qu'il faisait très froid et lui avez montré la neige. Vous avez même ouvert la porte pour qu'il comprenne bien ce pourquoi vous vouliez qu'il enfile ses bottes.

Sabrina a 22 mois. Elle pleure parce que vous lui tenez la main pour traverser la rue. Elle dit qu'elle est capable toute seule. Vous lui avez expliqué les dangers potentiels, vous lui avez montré les voitures qui venaient de toutes les directions. Vous vous êtes assuré qu'elle comprenait bien le motif de votre insistance.

Pascale a deux ans. Elle est en colère parce qu'un autre enfant à qui elle avait enlevé un jouet est venu le reprendre.

Evelyne ne veut pas manger parce que vous venez de lui interdire de jouer dans l'eau des toilettes.

Dans toutes ces situations, l'enfant vit une frustration, mais le problème lui appartient. Dans ce cas, il faut éviter de lui envoyer des messages qui lui feront croire que vous n'acceptez pas son sentiment.

Revenons à Pascale qui est en colère. Il y a plusieurs façons de lui signifier que vous n'acceptez pas son sentiment: Vous pouvez lui donner des ordres: «Arrête d'être fâché et va jouer avec Émile.» La menacer: «Si tu n'arrêtes pas de crier…» Lui faire la morale: «Ce n'est pas bien de bouder comme ça.» Lui suggérer des solutions: «Sais-tu ce que tu pourrais faire?» Argumenter ou la persuader par la logique: «Tu pourrais prendre un autre jouet en attendant.»

Gordon appelle ces cinq types de messages des «messages de solution». Ce sont des messages qui indiquent à l'enfant qu'il n'est pas capable de régler le problème. En revanche, les messages qui suivent sont dévalorisants pour l'enfant; ils servent à le juger, le critiquer, le blâmer: «Tu n'es pas gentille!» L'humilier, le ridiculiser: «Tu agis comme un bébé.» Le psychanalyser: «Tu veux qu'on s'occupe de toi.» Le complimenter: «Tu sais que tu es gentille d'habitude.» Le questionner pour lui faire entendre raison: «Est-ce que tu sais que ton ami a de la peine?»

Ces messages sont des messages de critique. Ils amènent l'enfant à se sentir stupide ou à contre-attaquer. Ces manières d'intervenir heurtent l'estime de soi. Que faire alors, quand le problème appartient à l'enfant? Votre rôle est de l'encourager à faire le tour de la situation verbalement. Plus l'enfant est jeune, plus il aura besoin de votre vocabulaire pour l'aider à exprimer le sentiment qu'il est en train de vivre. Plus jeune il expérimentera cette approche, plus rapidement il arrivera à identifier et à nommer l'émotion qui l'habite. Encouragez-le à exprimer ce qu'il ressent et signifiez-lui que vous «comprenez» et que vous ne le jugez pas. Il n'est pas toujours nécessaire de lui «dire» avec des mots.

Un jour, alors que je suivais un cours universitaire sur l'intervention, le professeur a cité une phrase qui allait profondément marquer le cours de ma vie. «Intervenir, c'est se mêler des affaires des autres!» Parmi toutes les années que j'ai passées à l'université, je crois que c'est cette journée qui m'a le plus appris.

Imaginez que vous êtes en train de discuter fortement avec votre conjoint et que quelqu'un s'immisce dans votre conversation en vous disant quoi faire, comment le faire et quand le faire. Bien sûr vous me direz que vous êtes en âge de savoir comment régler un problème sans que l'on ait besoin de vous dire quoi faire. L'enfant, lui, n'est pas adulte et, Dieu merci, il règle ses conflits et ses difficultés à la manière d'un enfant. S'il n'est pas en danger ou si l'autre partie ne l'est pas non plus, il n'a pas besoin de vous! Peu importe son âge, il trouvera un moyen de résoudre son problème.

Ne rien faire est parfois la meilleure façon d'agir. Évitez d'intervenir quand un enfant tente de résoudre un problème qui n'est pas le vôtre. Contentez-vous de vous assurer que sa sécurité et celle des autres n'est pas menacée. Ne dites rien: une caresse, un sourire, un regard complice, un hochement de tête suffisent la plupart du temps pour rassurer l'enfant et lui faire comprendre que vous avez confiance en lui et que vous l'encouragez à persévérer dans ses efforts.

Faites de l'écoute active. L'écoute active consiste à encourager la communication entre vous et l'enfant. Signifiez-lui que vous avez entendu ce qu'il a dit ou expliquez-lui ce que vous avez compris en vous servant de ce qu'il essaie de vous exprimer. Montrez-lui que vous avez confiance en son jugement et en sa façon de gérer la situation.

C'est dans ces moments que vous ferez intervenir le «je» pour lui signifier vos sentiments et votre acceptation: «*Je* pense que tu es très fâché parce que je te tiens la main pour traverser la rue. *Je* comprends que tu es grande maintenant et que tu voudrais la traverser toute seule. (Acceptation et compréhension) C'est vrai que tu es grande et que tu peux faire beaucoup de choses toute seule, mais quand nous traversons la rue et qu'il y a beaucoup d'autos, moi, *j'*ai très peur que tu te fasses frapper. *Je* t'aime très fort et *je* ne voudrais pas qu'il t'arrive quelque chose, tu comprends?»

Une fois que vous avez exprimé votre empathie à l'enfant et que vous lui avez livré votre sentiment, donnez-lui le temps de comprendre et d'exprimer son point de vue. En d'autres mots: Faites-lui confiance et encouragez-le à exprimer sa vision des choses. La meilleure façon d'éviter les confrontations est de lui expliquer clairement et franchement, même s'il est petit, votre compréhension de la situation, de lui faire part des sentiments qui vous habitent et de l'encourager à explorer toutes les pistes de solution qu'il croit possible.

Assurez-lui votre soutien dans toutes ses tentatives de résolution de problème.

« Je suis capable tout seul ! »

Si on méconnaît les raisons de son insistance à dire «Je suis capable tout seul», il y a fort à parier que cette étape du développement deviendra très contraignante pour l'adulte qui vit une relation avec l'enfant qui la traverse.

C'est généralement vers l'âge de deux ans que l'enfant découvre qu'il est capable tout seul. Il refuse l'aide qu'on lui propose et s'amuse à répéter ce si petit mot qui complique tant la vie des adultes : «NON». Il devient exigeant, fait de plus en plus de colère, s'oppose à tout ce qu'on lui suggère.

L'enfant vient de s'apercevoir qu'il peut exercer un contrôle sur sa vie… et sur la nôtre. Il devient indépendant et «court» littéralement vers son autonomie. Il veut faire beaucoup de choses qu'il n'est pas encore capable de faire seul ou «toutes» les choses que l'adulte lui interdit de faire parce qu'elles sont dangereuses pour sa santé ou sa sécurité.

Il est alors confronté à des limites. Plus il s'aperçoit qu'il peut exercer un contrôle, plus il résiste. Cette résistance lui permet d'éprouver de la puissance qu'il transpose en «pouvoir». Il veut tout essayer et tout explorer. Lorsqu'il se rend compte qu'il peut se débrouiller seul, il tente de s'éloigner de nous, il commence à se «détacher de son attachement».

C'est la qualité de l'attachement qui nous relie à lui qui lui donne la sécurité et la confiance pour s'en aller.

C'est à travers toutes ces oppositions qu'il parvient à se distinguer des autres et qu'il parvient à se construire une identité. Le seul moyen pour l'adulte de garder toute sa dignité est de se montrer tolérant à son endroit et de le soutenir dans sa quête d'autonomie.

L'étape de l'affirmation

Tous les adultes doivent faire l'effort d'accepter les sentiments de l'enfant, de les comprendre, puis d'aider l'enfant à les reconnaître et à les identifier. Le travailleur en garderie est bien au fait de toutes les étapes que doivent franchir les enfants au cours de leur évolution. Bon nombre de parents aimeraient bien avoir la recette des éducateurs qui sont capables de demeurer dynamiques et souriants pendant des journées entières alors qu'eux, les parents, disent s'impatienter pour bien moins avec un seul enfant. Comment font-ils pour conserver cet équilibre avec tous ces enfants qui réclament vigoureusement leur autonomie ? Il est donc possible de laisser un enfant découvrir et explorer ses besoins jusqu'à ce qu'il atteigne ses limites, sans dépasser celles de l'adulte !

Pour cela, il faut d'abord que l'environnement dans lequel les enfants évoluent soit tout à fait sécuritaire. En service de garde, l'organisation physique des locaux est entièrement conçue en fonction de leur sécurité, ce qui évite aux éducateurs de s'inquiéter pour eux et de les suivre continuellement de crainte qu'ils ne se blessent. En second lieu, les éducateurs font entièrement confiance à l'enfant lorsque celui-ci affirme qu'il est capable tout seul !

En service de garde, la personne responsable de l'enfant observe et encourage chacun de ses efforts et souligne chacune de ses réussites de manière que l'enfant se sente fier et développe sa confiance en lui. Plus le tout-petit prend conscience qu'il peut réussir tout seul, plus il devient persévérant. Il apprend à vaincre des difficultés sans se décourager et se sait encouragé pour aller plus loin. En aucun cas, on ne lui demandera de faire ce qu'il ne sait pas encore faire, car en pareil cas, il pourrait se retrouver en situation d'échec et perdre sa confiance en lui.

En service de garde, la loi première est le respect intégral de l'enfant : on ne lui demande pas d'exceller, on respecte son rythme et on ne fait pas les choses à sa place.

Pour mille motifs qui viennent directement du cœur, le réflexe du parent est souvent de faire les choses à la place de l'enfant : «parce que ça va plus vite, parce qu'il faut se hâter, parce qu'il n'y arrivera pas tout seul, parce j'ai peur qu'il se blesse, parce que je l'aime…»

En service de garde, l'enfant a tout son temps et on le lui laisse… On vit au même rythme que l'enfant ; l'horaire des éducateurs et tout ce qui compose l'environnement de l'enfant sont conçus en fonction de ce rythme. Chacun peut explorer et procéder à ses expériences sans danger pour sa sécurité et celle des autres. Le personnel éducateur accompagne les enfants et observe leur évolution quotidienne. Telle qu'elle est conçue, l'organisation des services de garde favorise les contacts et les interactions entre les enfants. Mais n'allez pas croire que tout y est parfait, les enfants sont des êtres humains en plein apprentissage des lois sociales, leurs contacts et leurs interactions sont aussi sources de conflits.

En effet, une pareille proximité est parfois contraignante ; avoir deux ans et se sentir obligé de partager du matin au soir n'est pas facile et il est normal que des conflits surviennent. L'enfant est en train d'apprendre les règles de courtoisie et de respect qui feront de lui un adulte socialisé et fonctionnel. Pour mériter ce statut, il lui faut comprendre et admettre ce qui est acceptable et ce qui ne l'est pas ; c'est la raison pour laquelle il a besoin de limites.

En général, un conflit qui oppose deux enfants connaît en peu de temps une issue acceptable sans qu'il n'y ait effusion de sang… Parfois, cependant, l'éducatrice doit intervenir et imposer des limites même si l'enfant s'oppose, résiste ou essaie de déjouer son initiative. Malgré qu'il ne soit pas d'accord avec ce principe, il ne connaît pas encore toutes les conséquences de ses actes et il a besoin que des limites lui soient imposées pour que les accidents lui soient évités, à lui et aux autres.

L'enfant découvre chaque jour de nouveaux procédés pour exercer son contrôle et vérifie jusqu'où il peut le faire. Les adultes qui le côtoient chaque jour doivent demeurer calmes pendant les tempêtes et essayer de comprendre ce qui le pousse à agir comme il le fait dans une période de sa vie où il a grand besoin de s'affirmer. L'enfant est un être pur et spontané, naturel, et sa première recherche est celle du plaisir immédiat. Une attitude de tolérance à l'égard de ce qu'il découvre, entre autres, que le plaisir doit parfois être attendu, sera déterminante pour son comportement et sa façon d'envisager les plaisirs de la vie. Il y a cependant une longue route à parcourir entre le moment où l'enfant considère les frustrations comme des menaces et cherche à s'en défendre, et celui où il découvre le plaisir de faire plaisir, celui d'aimer et de donner. L'important est de lui parler beaucoup, de lui expliquer les raisons qui motivent les adultes qui l'entourent à lui interdire certaines des choses qu'il désire. En garderie, les différents modes d'intervention visent à éviter le plus possible les luttes de pouvoir afin que ni l'adulte ni l'enfant ne soient perdants.

Un enfant à qui on impose la force ou le pouvoir se sent impuissant et humilié et peut réagir de diverses manières: il s'oppose, enrage, pleure de colère ou bien se soumet et se résigne. Si les limites qu'on lui impose sont nécessaires à son évolution qui va le conduire à vivre en société, à tenir compte des autres et à se protéger des dangers, les explications qui les accompagnent le sont tout autant.

Certaines des réponses des parents à des demandes parfois tout à fait raisonnables sont des modèles d'absurdité. Qui ne se souvient pas d'avoir entendu de la bouche de l'un de ses parents cette réponse laconique à une question pressante: «parce que non, c'est non!»? Vous rappelez-vous de la manière dont vous réagissiez alors?

La période du «non» est difficile à supporter pour les adultes qui vivent avec l'enfant, mais c'est pendant cette phase cruciale que celui-ci doit être inconditionnellement accepté et encouragé, car c'est toute son estime de soi qu'il construit et qui lui sera utile toute sa vie durant. Au cours de cette période, il découvre l'impressionnant contrôle qu'il peut exercer sur ce qui l'entoure; il apprend en outre que la résolution de ses problèmes est due à ses efforts et à sa persévérance. Une attitude positive face à la vie émerge de ses découvertes au fur et à mesure que grandissent sa confiance et son estime de soi.

Le moment d'apprendre à donner

Tout petit, l'enfant ne sait que recevoir. Et son attitude est naturelle, l'homme étant l'espèce animale la plus dépendante dans l'univers. Laissé seul et sans soin, il meurt. Contrairement aux autres animaux, parce qu'il ne sait pas se déplacer à la naissance, le bébé est vulnérable et a un besoin vital de sa mère. Son évolution se fait lentement et, progressivement, il apprend à marcher et à parler, deux éléments essentiels à sa survie. Chaque jour il les maîtrise de mieux en mieux, si bien que vers l'âge de 18 mois il se sent prêt pour la grande aventure et commence à explorer la vie de tout son être.

Le chemin que l'enfant découvre est illimité, mais il est aussi indéfini: il ne connaît pas encore le code de la route ni les limites de vitesse essentielles à sa sauvegarde et à celle des autres. Et voici que l'adulte entrave sa route en lui imposant des exigences qu'il conteste; la vie est belle, la voie est libre et il n'aime pas les feux rouges. Et ce qui l'empêche d'avancer à toute vitesse, c'est qu'il lui faut apprendre à écouter, à bien manger, à ranger et à prêter ses jouets, à être propre, à attendre son tour, à perdre, à gagner.

À partir de maintenant, il doit apprendre à « donner » s'il veut continuer de recevoir : c'est ainsi que s'appelle « l'échange ».

À cet âge, malgré son fort besoin d'affirmation, l'enfant est charmant : il adore faire plaisir, montrer ce qu'il réussit et il recherche, plus que tout, les compliments et l'admiration. Il fait le clown, pour susciter le rire, et sait trouver les mimiques qui attendrissent. Tous les encouragements l'incitent à aller plus loin. Il apprend à donner ce qu'il fait dans le but de faire plaisir et de voir sourire. Il ressent du plaisir lorsque ses parents sont contents et fiers de lui. Il cherche à provoquer ce plaisir, à le reproduire et à le partager avec eux. De plus en plus, il maîtrise sa capacité de susciter chez l'adulte des réactions de plaisir. Pour arracher un sourire, entendre de nouveau un compliment ou recevoir un baiser, il sait exactement comment agir et il le répète.

Cette fierté et ce nouveau pouvoir qu'il exerce lui fournissent suffisamment d'assurance et de confiance pour être capable de « commencer » à s'éloigner de l'adulte qui le rassurait tant.

Auparavant, toute sa sécurité provenait de sa mère, aujourd'hui, elle vient de lui.

Il marche solidement maintenant et peut aller là où il le désire ; il parle, il mange seul, il est capable de monter un escalier. Ma foi, il n'a plus besoin de vous et c'est ce qu'il croit fermement, parfois pendant quelques minutes !

Il est vrai qu'il peut facilement se passer des autres lorsqu'il est occupé, mais il ne supporte pas que vous le soyez: il considère votre occupation comme un refus de s'intéresser à lui et il a l'impression d'être victime d'un rejet. Gare à vous si vous êtes au téléphone ou en discussion avec un autre adulte ou un autre enfant!

Qu'il est difficile de grandir! On éprouve en même temps le désir de partir et celui de rester.

CHAPITRE 16

L'APPRENTISSAGE DE LA PROPRETÉ

C'est généralement vers le même âge, c'est-à-dire autour de sa deuxième année, que l'enfant fait l'apprentissage de la propreté. Là encore, il s'agit d'une question de contrôle. L'enfant découvre qu'il peut exercer un contrôle sur son corps et notamment sur ses sphincters. Il a maintenant atteint la maturité physiologique qui lui permet de pousser, retenir, expulser ou garder. Il peut se retenir assez longtemps s'il le veut ou décider de faire pipi ou caca où il veut et quand il le veut!

À cet âge, on sait à quel point il lui importe d'exercer un contrôle et de s'opposer; de plus, se retenir lui procure un plaisir physique. Connaissant tous ces paramètres, il est facile de supposer que cette période de l'apprentissage à la propreté pourrait devenir un champ de bataille et une autre lutte de pouvoir.

Pour devenir «propre» l'enfant doit d'abord le vouloir et, quand il va le décider, ce sera pour faire plaisir à ses parents. Cependant, il ressent de l'incompréhension en prenant conscience de vos attentes devant cet événement et peut aisément percevoir de l'incohérence dans vos attitudes. Voyons comment il considère les choses:

Son caca et son pipi sont des choses qu'il crée, qu'il produit lui-même, *mais* on lui interdit de les toucher...

On manifeste un grand intérêt pour ce caca et on en parle souvent comme d'une merveille, *mais* on dit aussi que c'est sale...

On veut un «cadeau», *mais* on le jette...

Pour faire plaisir à ses parents, il doit le faire *mais* c'est aussi pour leur faire plaisir qu'il ne doit pas le faire...

Mettez-vous à sa place et réfléchissez: pour l'enfant, les attitudes qu'adoptent ses parents sont illogiques. Car ses pipis et ses cacas sont à lui et proviennent de lui; de plus, c'est quelque chose dont il doit encore se séparer.

L'apprentissage de la propreté est à éviter lorsque l'enfant est en période de changement ou qu'il est particulièrement stressé. Par exemple, si un changement de groupe survient à la garderie, il serait préférable de reporter ce moment pour ne pas lui imposer ce stress supplémentaire.

C'est généralement vers 18 mois, parfois un peu plus tard, que l'enfant quitte la pouponnière pour se joindre au groupe suivant. Dans ce cas, cela veut dire qu'il change d'éducatrice, de local et, sans doute, même d'amis. C'est aussi lors de ce changement de groupe qu'il doit s'habituer à dormir sur un petit matelas et délaisser sa couchette de la pouponnière. Même si les services de garde possèdent toutes les ressources nécessaires pour faciliter cette transition, l'enfant a besoin de temps pour s'y adapter.

D'autres événements perturbateurs pourraient aussi survenir dans sa vie à ce moment, la naissance d'une petite sœur ou d'un petit frère, un déménagement, des vacances, la période des fêtes, une absence plus ou moins prolongée de sa mère ou de son père, etc. Là encore il serait mal choisi d'amorcer cet apprentissage à la propreté.

Faite trop vite ou dans un mauvais moment, cette demande risque de provoquer l'entêtement de l'enfant qui pourra croire que le parent cherche à s'opposer à son plaisir. Il résistera, se retiendra et l'apprentissage de la propreté pourra rapidement prendre l'allure d'une lutte interminable entre les séances sur le petit pot et les disputes.

Si vous souhaitez lui faciliter ce passage important, informez-vous auprès de son éducatrice de la manière dont elle souhaite s'y prendre. Le plus souvent, l'éducatrice attend l'incitation du parent avant d'intervenir, mais il arrive que ce soit l'enfant lui-même qui demande à s'asseoir sur les toilettes pour «faire comme les autres». Toutes sortes d'attitudes et de comportements peuvent naître par imitation.

Entre l'âge de 18 mois et de deux ans et demi, plusieurs enfants deviennent «propres» tandis que les autres les observent... Sans l'avoir prévu, il se peut qu'on vous annonce que votre enfant a demandé à aller sur le petit pot ce matin parce qu'il a vu son ami le faire. Profitez de ce moment pour continuer le processus, si tel est le désir de l'enfant. À l'inverse, il se peut que ce soit à la maison que l'enfant ait exprimé ses premières intentions à ce sujet; parlez-en alors à l'éducatrice qui se fera un plaisir d'assurer la continuité et de vous tenir au courant de la suite des choses.

CHAPITRE 17

LA SOCIALISATION

Pour le jeune bébé, les seuls liens d'importance sont ceux qu'il entretient avec sa mère et son père. Et ce lien se resserre de jour en jour, à tel point que vers l'âge de huit mois, il se peut qu'il ne tolère plus dans sa bulle la présence d'autres personnes que ses deux parents.

Même si des travaux de recherche, de Lézine[8], par exemple, ont démontré que le bébé est capable de relations sociales dès son plus jeune âge et que la présence d'enfants et d'adultes autour de lui est très stimulante, il n'en demeure pas moins que le premier réflexe du nourrisson n'est pas d'aller spontanément vers les autres pour créer des relations.

Jusqu'à deux ans

Entre 14 et 15 mois, l'enfant pourra tolérer la présence d'un étranger que sa mère semble accepter ; ce nouvel adulte pourra même créer avec lui

---

8. Irène Lézine, psychologue (1909-1985).

un petit lien d'amitié en jouant avec lui. Gare à cet étranger, cependant, s'il tente de changer sa couche ou de lui donner à manger.

Si les enfants réagissent plus ou moins bien à ces situations, cela dépend souvent du nombre de personnes qu'ils ont côtoyées depuis leur naissance, mais aussi de l'attitude de la mère ou de la personne qui la remplace. Une mère, ou encore un adulte significatif pour le bébé, qui encourage celui-ci à aller vers des gens à qui il semble faire confiance, l'incite à développer cette confiance. La personne qui sait respecter son rythme et qui s'efforce de ne pas l'obliger à accepter ce lien y gagne elle aussi.

Il se peut que dès ses premières visites au service de garde, votre enfant refuse de communiquer avec son éducatrice ; il est même possible qu'il refuse de la voir. Ne soyez pas déçu s'il ne lui offre pas immédiatement son sourire. Sa réticence à créer rapidement d'autres liens fait partie de son apprentissage à la socialisation. Bien des mères souffrent de l'exclusivité dans laquelle leur enfant les retient tandis que d'autres crèvent de bonheur à l'idée d'être le seul être à qui leur enfant offre son amour. En effet, dans le dernier cas, des mères vont prendre ombrage d'un attachement très vif de leur enfant à l'endroit d'une éducatrice. D'une manière ou de l'autre, ces types de réaction vont rendre plus difficiles les rapports entre l'enfant et son éducatrice.

Il faut donner à l'enfant le temps d'apprivoiser cette nouvelle réalité sans s'inquiéter du délai dont il a besoin pour se familiariser et lui donner aussi la chance de créer une relation avec une autre personne que sa mère, sans que celle-ci ne redoute de perdre l'exclusivité. Cette difficulté qu'éprouvent certaines mères à l'idée de se voir reléguées au second plan peut compliquer la situation, les rapports entre la mère et l'éducatrice pouvant se transformer en rivalité.

Si vous ressentez cette crainte douloureuse, souvenez-vous que le rôle de l'éducatrice est de vous remplacer en votre absence, de prendre soin de votre enfant et de l'accompagner dans son développement et non pas de prendre votre place de parent. Malgré vos efforts, si vous êtes encore inquiète, parlez à l'éducatrice de ce sentiment, elle saura sûrement vous convaincre qu'elle n'a nullement l'intention de prendre votre place dans le cœur de votre enfant et que le fait qu'il apprécie à ce point sa présence facilite grandement les moments où vous devez le quitter. Avant un âge qui peut varier entre 18 mois et 2 ans, l'enfant ne ressent pas vraiment le besoin de se lier à d'autres personnes que sa mère, son père et sa famille immédiate. S'il fréquente un milieu de garde, il profite de jeux individuels qui le satisfont grandement s'ils sont accompagnés des soins essentiels et de câlins. Il supporte la vie collective, mais il reste centré sur lui. Il considère les autres enfants comme menaçants parce qu'ils lui prennent ce qu'il estime être à lui : *ses* jouets et *son* éducatrice.

LES CONFLITS ENTRE ENFANTS DE 18 MOIS À 2 ANS

Même s'il ne s'intègre pas entièrement à la vie collective, les relations qu'il entretient avec d'autres enfants sont très importantes. C'est grâce à ces contacts que l'enfant apprend à développer son «moi» et à se considérer comme différent des autres. Entre l'âge de 18 mois et 2 ans, l'enfant entre en contact avec un autre enfant en lui tendant un objet ou en le lui retirant; ses nouvelles relations sont basées sur l'échange.

Même s'il se montre maladroit au début, il éprouve énormément de plaisir à être avec les autres. Malheureusement, sa gaucherie de débutant social engendre souvent des conflits. Ces conflits font partie intégrante des apprentissages nécessaires à son développement et ne devraient pas remettre en question votre façon d'être avec lui. C'est à travers les conflits qu'il apprend à négocier, à faire des compromis et à manifester son amour. C'est grâce aux conflits aussi qu'il se forge une image de lui. Tout son apprentissage de la résolution de conflits dépend de la réaction de ses pairs et du soutien des adultes qui l'entourent.

Un conflit peut être un élément positif pour le développement, mais il peut aussi être destructif pour l'enfant ; tout dépend de la façon dont on l'aide à le régler. En fait, comme je l'ai déjà été mentionné, l'adulte ne doit pas intervenir pour lui apporter la solution ou le blâmer, mais pour l'encourager dans l'effort qu'il fournit lorsqu'il essaie d'enrayer la difficulté à laquelle il est confronté.

Entre trois ans et quatre ans

Vers l'âge de trois ans, l'enfant peut établir des relations de camaraderie. Il est encore en concurrence avec les autres enfants, mais il commence à être un peu plus empathique à leur endroit et à respecter leurs désirs, même si les moments d'activités en grand groupe demeurent encore très courts.

Avant l'âge de quatre ans, les enfants ne forment pas vraiment de groupe et n'y sont pas prêts non plus ; ils sont plutôt individualistes. Ils jouent plus volontiers à côté des autres plutôt qu'avec eux, et c'est pourquoi ils ne réussissent que difficilement à participer aux jeux en équipe sur une longue période de temps. Une personne qui parvient à faire participer des tout-petits à un jeu de groupe ne doit pas s'attendre à ce que la partie dure très longtemps !

La maturité sociale

L'enfant des années 2000 atteint une maturité sociale plus grande, plus rapidement que celui du XXᵉ siècle. Aujourd'hui, il participe à moins d'activités avec ses parents et passe moins de temps avec eux, la vie trépidante étant ce qu'elle est, voleuse de temps. La majorité des enfants fréquente aujourd'hui un service de garde. Dès son plus jeune âge, l'enfant a des contacts avec ses pairs et avec un grand nombre d'adultes. Il regarde la télévision; il a donc à sa portée une grande variété de modèles, tous plus différents les uns que les autres, modèles qui ont une influence sur son développement moral.

En observant autrui, que ce soit autour de lui, à la garderie, ou par la fenêtre du petit écran, l'enfant perçoit de nouvelles conduites et découvre les conséquences éventuelles de ses actes. Il apprend également à distinguer les conduites socialement acceptables ou inacceptables. Il est témoin de beaucoup de réactions et d'opinions souvent bien différentes de celles de sa famille.

La famille «d'avant» vivait dans une bulle: elle avait ses valeurs et ses croyances qu'elle transmettait à l'enfant, qui les transmettait à son tour à ses enfants. Ayant peu de références à sa portée, l'enfant d'hier acceptait les valeurs et les croyances de ses parents, sans même que lui vienne à l'esprit l'idée de les contester, sauf parfois à l'adolescence. À présent, en raison de toutes les stimulations extérieures auxquelles il est soumis, l'enfant développe beaucoup plus tôt sa conscience sociale et son jugement moral.

Autrefois, un enfant qui atteignait «l'âge de raison» – il était fixé à sept ans – était désormais en mesure de discerner le bien du mal et pouvait agir en fonction de ces croyances. C'est à partir de cet âge qu'il commençait à éprouver de l'empathie pour ses camarades, qu'il se montrait capable de se mettre à leur place et de comprendre ce qu'ils vivaient.

De nos jours, à cause de toutes les stimulations que connaît l'enfant, cette conscience apparaît beaucoup plus tôt.

La vie de groupe

La présence d'autres enfants oblige le petit à adopter certaines règles sociales comme celles d'échanger avec les autres, de négocier avec eux, de faire des compromis et de les respecter. Cet apprentissage ne se fait pas du jour au lendemain et peut générer des conflits. L'enfant doit faire de ses anciens rivaux des petits compagnons de jeux et partager avec eux «ses» jouets et «sa» gardienne. C'est une initiation ardue qu'il s'efforce de maîtriser chaque jour. C'est petit à petit qu'il parvient à partager ses jeux et à assigner des rôles aux autres enfants.

Le nouveau programme éducatif en vigueur dans les services de garde recommande aux intervenants de demeurer le plus possible à l'écart des jeux des enfants et des conflits qu'ils entraînent parfois. Le rôle des éducateurs consiste avant tout à observer l'enfant au lieu de s'introduire dans l'intimité de ses jeux; ils laissent donc les enfants inventer et réinventer les jeux et s'amuser avec les jouets mis à leur disposition et n'interviennent pas pour en faire respecter les règles. Souvenons-nous que les jouets et les jeux éducatifs mis à la disposition des enfants ont été conçus par des adultes qui n'ont peut-être pas sérieusement fait le tour de la question! Les enfants trouvent bien d'autres façons de les exploiter et de les explorer, et les adultes en apprennent souvent beaucoup sur leurs différents usages. L'enfant fait un véritable apprentissage en jouant. Il apprend à mesurer les efforts qu'il doit fournir pour arriver à ses fins et c'est au moyen d'essais répétés qu'il augmente sa persévérance. Ne vous en faites pas si le résultat ne correspond pas à celui reproduit sur l'emballage, l'enfant est beaucoup plus intéressé et stimulé par ce qu'il est en train de faire que par le résultat.

CHAPITRE 18

LE JEU

Le travail vient du pédagogue qui cherche à faire du jouet un objet éducatif, c'est-à-dire qui dépossède l'enfant de son jeu pour y substituer le sien, le travail.

PHILIPPE GUTTON
Le jeu et l'enfant

L es moments les plus longs et les plus importants dans la journée d'un enfant sont ceux pendant lesquels il joue. Il joue avec le plus grand sérieux car c'est pour lui l'unique occasion d'apprendre de façon vivante.

Le jeu remplit toute la vie de l'enfant

L'enfant doit d'abord jouer avant d'être capable de pouvoir étudier ou travailler. C'est en jouant qu'il découvre la persévérance, le progrès, la ténacité et la patience. Le jeu est le fondement de sa structure, c'est le jeu qui inculque à l'enfant la notion selon laquelle l'effort peut vaincre les difficultés. Laissons-lui le temps de jouer.

Le jeu vers l'âge de trois ans

À partir de sa naissance jusqu'à l'âge d'environ trois ans, l'enfant explore ses nouvelles possibilités motrices. Maintenant, il marche, il court, il grimpe, il peut tirer et pousser. À trois ans, il sait tout ! Les jeux symboliques sont particulièrement appréciés à cet âge, car l'enfant exerce déjà un bon contrôle sur ses mouvements : il se montre capable d'exprimer presque tout ce qu'il désire et il se souvient de tout ce qu'on lui dit. Il se souvient que maman est partie au travail et qu'elle reviendra le chercher. Si vous avez eu la chance de l'amener à l'endroit où vous travaillez, il saura, par exemple, que papa travaille avec des voitures et que maman travaille à l'école. Il est en mesure de reproduire et de représenter des gestes ou des situations dont il a été témoin. Le jeu symbolique c'est jouer à représenter des choses. À trois ans, l'enfant joue à représenter des choses : un bloc de bois devient facilement une voiture comme celles que papa répare au garage, et le dessous d'une table devient une école où il peut discuter avec maman.

Pour parvenir à apprendre, les expériences qu'il tente doivent être associées à une situation ou à un problème qui ont un sens pour lui et qui sont liés à sa réalité et à son quotidien, pour peu qu'on mette à sa disposition les objets qui permettront une représentation. D'autres jeux le fascinent aussi : des objets pour grimper, des blocs pour escalader, un tunnel pour passer dedans, des chaises pour se faufiler en dessous : tous ces jeux le rendent heureux. Il adore les objets qu'il peut tirer ou pousser, les contenants qu'il peut remplir et vider. Il peut passer des heures à jouer dans l'eau.

Rappelez-vous que l'enfant est beaucoup plus intéressé par l'action que par le résultat final. Nous devons lui permettre d'utiliser ses ressources personnelles, de faire des choix et de vivre des réussites si nous voulons favoriser le développement de son estime de soi.

Par des jeux symboliques de «faire semblant», il prend le contrôle de la situation et décide de la façon dont les choses vont se passer. Il s'exprime et peut reproduire une situation où il pourra libérer sa peine ou son agressivité. Il peut, par exemple, s'il ressent de la colère, disputer sa poupée et la mettre au lit. S'il a à sa disposition un téléphone-jouet, dans un moment d'ennui, il peut parler avec sa maman et lui exprimer ce qu'il éprouve. L'enfant transforme la réalité comme il le veut; il peut ainsi y échapper ou du moins la modifier à sa convenance.

Le jeu lui permet d'assimiler un événement, de s'en rendre le maître et par le fait même de le contrôler. Par exemple, l'absence de sa mère, qui le rend triste, peut être reproduite dans un jeu et modelée à sa guise. Ainsi il peut troquer un événement difficile pour un plaisir. Le jeu devient pour lui un mode de défense: en modifiant à son goût des réalités difficiles, il cesse de les subir, passe à l'action et invente un monde qui le satisfait. Plus il joue, plus il réussit et plus il se sent compétent.

Ce sentiment de compétence est une motivation majeure qui alimente son désir d'apprendre. Tout son éveil passe par le jeu qu'il s'invente: il se raconte les histoires comme il voudrait qu'elles soient dans la réalité. Il imagine des situations qui correspondent à ses désirs; il exprime ainsi ses sentiments et s'en libère. Par le jeu, il apprend le contrôle et la coordination, il développe l'observation et la mémoire; mais surtout, il a beaucoup de plaisir.

Le jeu vers l'âge de quatre ans

L'enfant commence à comprendre les règles de certains jeux et apprend à les respecter. Il aime jouer à des jeux de table, à des jeux d'équipe, mais en même temps il trouve très difficile de perdre ou d'attendre son tour!

Il lui faut apprendre à perdre tout en gardant le goût de recommencer sans que ne s'estompe son plaisir de jouer. Il adore les jeux de mémoire; il peut maintenant résoudre quelques énigmes, faire des liens, assembler des éléments identiques ou différents, faire des classements et des associations; c'est le début de formation de sa pensée mathématique.

L'âge des « pourquoi ? »

Entre l'âge de trois et sept ans, la pensée de l'enfant est dominée par des fantasmes. À cet âge, il ne peut pas encore abstraire, donc il organise la vie comme il veut qu'elle soit et se rassure de cette façon. Il peut ainsi faire face plus aisément à des difficultés dont il peut régler le niveau de bien-être. Parce qu'il ne sait pas encore isoler la réalité et la comparer avec ce qu'il en perçoit, il croit que tout ce qui bouge est vivant et il prête des intentions aux choses. Par exemple, s'il se fait mal avec un jouet, il peut se fâcher contre ce jouet, le traiter avec mépris et lui dire qu'il n'est pas gentil.

C'est en même temps à cet âge qu'il veut tout comprendre et tout savoir. Il passe la plus grande partie de son temps à poser des questions et à chercher des réponses. Chaque jour, il questionne inlassablement l'adulte, convaincu que celui-ci connaît toutes les réponses. Au cours de cette période, il est toujours préférable que le parent réponde à ses questions en s'efforçant d'employer les mots justes. Si le parent ne connaît pas la réponse à sa question, il doit le lui dire franchement et lui proposer de la chercher avec lui. Et même lorsqu'il connaît la réponse, il ferait bien d'inviter l'enfant à chercher la solution avec lui.

L'enfant comprend ainsi que l'adulte ne détient pas toutes les réponses, que tout dans la vie n'arrive pas comme par magie. Le parent, en l'incitant à entreprendre avec lui des recherches sérieuses, lui permet de devenir l'auteur de son apprentissage et d'éprouver une grande fierté d'avoir trouvé la réponse. De cette façon, l'enfant cherche et trouve ses propres solutions en déployant des stratégies de résolution de problèmes adaptées à son niveau de développement. Il devient confiant envers ses propres ressources et s'habitue petit à petit à trouver sa réponse sans l'aide du parent.

Combien d'enfants se réfèrent continuellement aux adultes, soit pour obtenir leur approbation et leur encouragement, soit pour avoir réponse à des questions sans avoir à fournir le moindre effort? Cette situation survient lorsque l'adulte n'accompagne pas l'enfant dans son processus d'apprentissage et qu'il le devance, inhibant ainsi tout son goût pour l'effort. Il prive l'enfant du plaisir d'explorer lui-même le chemin qui conduit à la découverte de solutions et lui retire du même coup toute occasion de cultiver sa fierté, sa confiance et son sentiment de dignité.

Cela me rappelle cette maxime porteuse d'une belle leçon d'autonomie: «Donner du poisson à manger chaque jour à quelqu'un le nourrit pour la journée, lui apprendre à pêcher le nourrit pour toujours.» Pour certains enfants, la faculté de résoudre un problème semble toute naturelle. Pour d'autres cependant, compter sur un parent ou sur la personne qui le remplace pour trouver des solutions devient leur unique recours.

CHAPITRE 19

L'ALIMENTATION

De 0 à 18 mois

Le plaisir de téter chez le nourrisson est peu à peu remplacé par celui de mordre, lorsque pointent ses premières dents. Lorsque le bébé est en possession d'une croûte de pain ou d'un biscuit, son regard s'illumine. Il aime goûter, mais par intervalles, son appétit devient parfois irrégulier. Nous savons qu'un jeune enfant subit périodiquement des poussées de croissance, périodes où il mange davantage et, inversement, des ralentissements de croissance qui entraînent une baisse d'appétit. D'autres facteurs peuvent avoir un effet sur la quantité de nourriture qu'il absorbe quotidiennement. Est-il trop fatigué? A-t-il passé une mauvaise nuit? Combat-il un microbe? Une nouvelle dent est-elle sur le point de percer, un événement a-t-il bouleversé sa vie?

Beaucoup de petites manifestations de sa part peuvent vous aider à comprendre la raison pour laquelle il a moins mangé hier et pourquoi il réagit tout autrement aujourd'hui. Si vous avez observé des signes pouvant expliquer ses variations d'appétit, parlez-en avec son éducatrice; elle saisira mieux le sens des réactions de votre enfant.

Donnez-lui tous les indices qui pourraient l'aider à harmoniser son intervention.

Parmi les circonstances susceptibles d'affecter l'appétit d'un enfant – cela est vrai pour tous les groupes d'âges –, il y a bien sûr son entrée en garderie. Au début, il n'y a pas que les aspects émotifs qui risquent d'être ébranlés, il est fort probable que la constitution physique de l'enfant subisse un contrecoup, son corps devant lui aussi s'adapter à ce nouvel environnement, aux prises avec une multitude de petits microbes jusqu'alors inconnus de lui.

Le fait de devoir côtoyer plusieurs personnes favorise les échanges de petits microbes. Afin de protéger son organisme, il lui faut lutter contre ces nouveaux microbes, ce qui peut engendrer fièvre, rhumes, maux de gorge ou d'oreilles, autant de petits malaises pouvant contribuer à une baisse d'appétit.

Les détails relatifs aux maladies communes en garderie, leurs diverses manifestations et les interventions généralement appliquées à leur égard sont traités en détail au chapitre 25.

De 18 à 24 mois

Survient la période où le désir d'autonomie de l'enfant prend de plus en plus de place dans son développement, notamment en ce qui concerne l'alimentation. Vers l'âge de 18 mois, l'enfant préfère souvent jouer plutôt que manger. Il s'amuse donc autant avec la nourriture qu'avec ses jouets ; il aime y toucher et s'en mettre partout. Pour lui, il ne contrevient pas aux bonnes manières d'hygiène, c'est seulement amusant.

Il peut aussi refuser qu'on le fasse manger en invoquant qu'il est « capable tout seul ». Qu'à cela ne tienne : laissez-le manger tout seul et avec ses doigts. Déposez des morceaux d'aliments sur la table pour lui permettre de choisir et de découvrir le plaisir de goûter. Ne le forcez pas à tout manger et à manger de tout. Son nouveau plaisir est de choisir lui-même et de manger ce qu'il «décide» de manger. Vous pourrez peut-être l'aider… s'il accepte votre aide. Il est fort possible que, par la même occasion, il mange moins qu'il ne le devrait. Laissez-le, pour un temps, estimer lui-même la quantité qu'il veut manger.

La période où il aspire à une plus grande autonomie peut amener l'enfant à refuser de manger ce qu'il adorait deux jours auparavant. Ce n'est pas nécessairement parce qu'il n'aime plus cet aliment ou cet autre, mais parce que son désir de s'opposer au parent, de refuser ce qu'il lui propose et de faire valoir ses droits sont plus forts pour l'instant. Voici venue une nouvelle occasion pour vous de pratiquer la tolérance : si vous vous opposez à ce refus, votre enfant pourrait renforcer son désir de contrôle et un conflit pourrait naître entre vous. Ce ne sera plus l'aliment en question qui fera l'objet du débat, mais la notion de pouvoir entre vous et lui.

En plus de refuser certains aliments, en plus de vous interdire de le nourrir, il peut vouloir manger seul et fait beaucoup de dégâts. N'allez surtout pas croire, parce qu'il jette son morceau de pain par-dessus bord à quinze reprises, qu'il veut vous provoquer ; il s'amuse tout simplement et, du même coup, il apprend à mesurer les distances et les hauteurs.

Armez-vous de patience, dans peu de temps il sera «grand». Organisez-lui un environnement où il aura tout le loisir de tenter ses expériences sans que vous soyez obligé de procéder à un grand nettoyage à la fin de chaque «épreuve».

LA NÉGOCIATION AFFECTIVE

La distance que prend l'enfant par rapport à la nourriture et les comportements qu'il adopte à son égard sont temporaires. Rien ne sert de s'inquiéter, d'engager une bataille ou de tenter des négociations affectives:

«Tu vas me faire un gros plaisir si tu manges tout ce qu'il y a dans ton assiette.»

«Si tu ne manges pas, maman aura beaucoup de peine.»

«Mange un peu, papa sera content quand on lui en parlera.»

«Une bouchée pour maman, une bouchée pour papa...»

«Si tu manges tes haricots, nous irons au parc cet après-midi.»

Ces attitudes et ce discours peuvent être la cause de difficultés encore beaucoup plus grandes qui risquent, elles, de s'installer pour longtemps. Le parent peut être affecté par ce refus de s'alimenter que lui manifeste son enfant de deux manières: il peut ressentir une vive inquiétude pour sa santé ou être perturbé personnellement dans ses «émotions alimentaires».

Je m'explique: notre société centre une grande part de ses valeurs sur l'alimentation. Les publicités nous incitent continuellement à manger ou... à ne pas manger. Essayez de relever toutes les stimulations dont la nourriture fait l'objet dans une seule journée. Une multitude de régimes alimentaires nous sont proposés, plusieurs régimes révolutionnaires censés améliorer notre bien-être sont suggérés chaque jour, on va même jusqu'à promouvoir des suppléments alimentaires capables de se substituer aux repas, sans parler de toutes les vitamines «en capsules» offertes pour compenser une alimentation déficiente.

La radio et la télévision nous bombardent d'émissions sur l'obésité, le poids idéal, les troubles alimentaires, entrecoupées de messages publicitaires vantant la «pizza rapide» ou le «burger sur le pouce». De grands reportages sont consacrés aux secrets des recettes minceurs et des valeurs nutritives des aliments. Les vitrines et magazines regorgent de modèles de beauté, tant hommes que femmes, on s'inquiète de la plus petite variation de la courbe de croissance de l'enfant, on souffre d'anorexie et de boulimie, etc. Dans cette société où nous vivons, il est naturel que l'être humain mange et il est inquiétant qu'il ne mange pas.

Le rôle de la mère ou de la personne responsable d'un enfant étant d'abord de le nourrir, lorsqu'un problème alimentaire survient, c'est tout son rôle de parent nourricier qui est remis en question. Tant que l'enfant se laisse nourrir et qu'il est dépendant, il confirme l'adulte dans son rôle; cependant, le jour où ce même enfant refuse de manger, apparaît une première manifestation d'indépendance qui remet en question toute la responsabilité de l'adulte. L'enfant s'oppose et provoque un affrontement. Il est plus facile pour le parent de vivre cette situation et de franchir cette étape lorsqu'il est conscient du conditionnement social alimentaire et de ses propres positions face à la nourriture. L'attitude de l'adulte influencera grandement la relation que l'enfant développera lui-même avec la nourriture.

Manger est un plaisir. Ce n'est pas un rapport de force, ce n'est pas un moyen de faire plaisir à une personne qu'on aime et ce n'est pas un refuge non plus. La prochaine fois que vous en aurez l'occasion, écoutez ce que disent les parents à leurs petits au moment des repas, observez ces attitudes de pouvoir et de contrôle:

«Non, non, on n'a pas le temps, on va dîner.»

«Attends! Ne mange pas tout de suite, je vais t'asseoir dans ta chaise.»

«Attends! Je vais t'en donner un.»

«Ne prends pas de si grosses bouchées.»

«Prends le temps de bien mastiquer.»

«Fais attention de ne pas en échapper.»

«Attention, tu en mets partout!»

«Pas si vite, tu vas t'étouffer!»

«O.K. tu as assez mangé.»

«Ça suffit, on va bientôt souper.»

«Mange un peu plus de carottes.»

«Goûte un peu, au moins.»

Comment, dans de pareilles conditions, un enfant pourrait-il conserver sa spontanéité, connaître les limites de son appétit et découvrir le plaisir de manger? Ce qu'il risque plutôt de percevoir dans ces messages, c'est une brimade constante de ses désirs, le pouvoir de l'adulte et le contrôle qu'il exerce sur ses besoins, l'incapacité de ressentir dans son corps le moment où il a faim, celui où il a encore faim ou celui où il n'a plus faim.

Bien sûr, il est hors de question de laisser l'enfant manger n'importe quoi n'importe quand, mais le parent pourrait s'arrêter un moment pour observer ses attitudes à l'heure des repas et vérifier s'il n'y a pas lieu de les modifier afin que son enfant se sente respecté et rassuré dans ces choix.

De deux à cinq ans

Changement de cap, à partir de deux ans l'enfant grignote continuellement, mange peu aux repas et a toujours faim entre les repas.

Son appétit peut varier d'un jour à l'autre et ses goûts changer, bref vous pourriez vous entendre lui dire «non» à plusieurs reprises, chaque fois qu'il passe à côté de l'armoire à biscuits ou du frigo.

«S'il mange entre les repas, il n'aura pas faim le moment venu et j'ai peur qu'il lui manque les éléments essentiels à sa croissance.»

«Il prendra la mauvaise habitude de manger entre les repas si je le laisse faire.»

Une fois encore, la porte est ouverte aux oppositions et aux conflits, et s'inquiéter pour l'enfant ne résout pas le problème. Si vous craignez pour sa santé, offrez-lui des collations plus substantielles et plus nourrissantes comme, par exemple, un muffin, un bagel avec du fromage à la crème ou une banane au yogourt. Par contre, si ce sont justement les collations qui risquent de lui couper l'appétit, donnez-lui des morceaux de pommes, de poires, de poivrons, du céleri, du brocoli ou du chou-fleur cru, qui ont la réputation de creuser l'appétit et que les enfants adorent manger, surtout lorsqu'ils sont servis avec une trempette.

Pendant le repas, n'insistez pas pour qu'il mange, offrez-lui de plus petites portions, puis une vingtaine de minutes plus tard, enlevez de sa vue ce qui n'a pas été mangé sans émettre de commentaires. Son attitude envers la nourriture, maintenant et pour le reste de sa vie, dépend de la vôtre.

Des études ont démontré qu'un enfant qui n'a pas découvert le plaisir de manger, la sensation d'avoir faim et le droit de n'avoir plus faim sera incapable de contrôler son alimentation et sa faim. Des populations entières sont aux prises avec ce problème, s'alimentent très mal et souffrent d'obésité.

Des phrases comme celles-ci: «Si tu ne finis pas ton assiette, tu n'auras pas de dessert» risquent de générer rapidement une difficulté. Le dessert devrait être ni moins nourrissant ni plus intéressant que le repas principal, et ce repas principal ne devrait jamais être l'objet d'un chantage.

Lorsqu'un enfant n'a pas achevé son plat, n'a pas mangé «toute sa viande et ses légumes», retirez-lui l'assiette sans commentaire et présentez-lui un fruit et un verre de lait. Ainsi, s'il n'a pas «bien» mangé, il quittera la table de bonne humeur en ayant quand même absorbé des aliments nutritifs. Si vous êtes certain que votre enfant ne présente aucun problème physique inquiétant, avec de la patience et de la tolérance, tout redeviendra à la normale dans un court laps de temps. Sachez développer des trucs pour raviver son plaisir.

Une histoire vraie

L'anecdote qui suit pourrait vous suggérer des idées pour encourager votre enfant à mieux s'alimenter. Je me souviens d'un été qui s'annonçait particulièrement pénible pour mon conjoint et moi. Nos deux filles, qui avaient à l'époque trois et cinq ans, grignotaient continuellement. Elles passaient une partie de la journée à ouvrir le frigo et le garde-manger pour y trouver tous les fruits, biscuits, jus qu'elles allaient dévorer, et cela à n'importe quelle heure de la journée. Leur comportement ne manquait pas de «jouer» sur leur appétit au moment des repas, en plus de nous «jouer» sur les nerfs!

Nous passions beaucoup de temps à leur dire que c'était suffisant, qu'elles avaient assez mangé, que nous allions dîner et qu'elles n'auraient pas faim, enfin toutes ces petites phrases qui font partie de négociations affectives. Mais rien n'y faisait. Nous vivions des journées difficiles qui se passaient entre les pleurs et les confrontations. Un jour, après avoir discuté du problème, leur père et moi, nous avons décidé d'un commun accord de ne plus essayer de régler ce problème; nous ne voulions pas que cette situation devienne un «conflit estival».

Nous avons donc décidé d'acheter deux jolis petits paniers en osier dans lesquels nous avons déposé, pour chacune de nos filles, des fruits, des biscuits, du yogourt, des légumes et du jus. Nous leur avons offert ce panier de collation un matin en leur expliquant qu'il contenait leur collation pour la journée et que, tous les jours, ils seraient remplis de nouvelles «surprises». Ce fut un plaisir de voir la joie éclairer leur visage.

Le premier jour, en fin de matinée, la plus jeune s'est retrouvée devant un panier vide tandis que celui de sa sœur aînée était encore presque plein en fin d'après-midi. Le lendemain, nous avons de nouveau rempli les paniers d'une variété de bonnes choses et, très rapidement au cours des jours suivants, nos deux filles ont appris elles-mêmes à «gérer» leurs collations quotidiennes. Chaque matin, elles avaient hâte de voir les surprises dans leur panier! Ce qui aurait pu s'avérer chaque jour un cauchemar et une lutte de pouvoir était devenu — pour nous tous — un moment de plaisir et d'excitation.

Qu'avons-nous appris de cette expérience? En cessant de les surveiller continuellement et de leur interdire l'accès au frigo ou à l'armoire, nous leur avions remis la responsabilité de se nourrir avec sagesse et modération. De leur côté, en profitant de notre confiance, elles avaient acquis un peu plus d'autonomie.

De plus, grâce à cette expérience, elles ont appris à négocier entre elles lorsqu'il arrivait à l'une de se trouver devant un panier vide alors que l'autre avait encore le sien bien garni. Elles ont appris à faire des compromis, à tenir compte de l'autre et, en même temps, à établir une belle complicité. L'été s'est finalement déroulé sans conflit, les filles ont été bien nourries et extrêmement heureuses d'être les «maîtres» de ce petit panier magique. En recherchant une solution amusante pour régler un problème, on peut parfois transformer un conflit potentiel en jeu qui sera très bénéfique pour le développement de l'enfant; ce jeu pourra éviter de pénibles confrontations, protéger la relation et rendre l'enfant plus responsable. C'est chaque fois un petit pas de plus vers l'autonomie. Chacune de ces expériences de gestion lui fournit l'occasion de développer une nouvelle façon de s'organiser et de résoudre un problème sans avoir à recourir à l'adulte. L'enfant se responsabilise, sa motivation vient de lui et non d'une demande qu'il ne comprend pas toujours.

CHAPITRE 20

LES CONTES

L'enfant adore se faire raconter des histoires. Souvent, il en aime une plus qu'une autre et demande qu'on la lui raconte chaque jour pendant plusieurs jours. Il insiste parfois pour apporter son livre de contes préféré à la garderie afin que son éducatrice raconte aussi cette histoire à ses amis.

Vers l'âge de deux ans, il aime particulièrement les histoires qui mettent en scène des animaux, des enfants perdus et retrouvés, des enfants qui deviennent grands. Il adore les épisodes dangereux et tristes, à la condition que l'histoire se termine bien. Raconter une histoire à un enfant c'est voyager avec lui dans l'imaginaire. Cette activité rapproche physiquement et intellectuellement, elle permet au parent ou à l'éducateur d'avoir un contact direct avec son monde secret. Ce moment est de loin plus enrichissant que le temps qu'il passe à regarder la télévision.

L'histoire qu'il voit à la télévision est faite de séquences d'images impossibles à modifier, tandis que celle qu'il entend quand on la lui raconte utilise toutes les ressources de son imagination. Il se fait lui-même réalisateur en recourant à des images mentales, que ce soit pour se représenter la physionomie des personnages ou l'environnement dans lequel ils évoluent.

Le personnel des services de garde a très peu recours à la télévision comme activité de loisir et lui préfère largement les livres. La réglementation ne recommande d'ailleurs la télévision que dans le cadre d'une activité qui s'intègre au programme éducatif.

Les contes explorent l'imagination de l'enfant et la développent ; les personnages auxquels il s'identifie lui confirment qu'il n'est pas le seul à vivre certains sentiments ou émotions. Bruno Bettelheim explique comment les contes de fées proposent à l'enfant des solutions qu'il s'approprie selon son niveau de compréhension. Les contes lui procurent un sentiment d'espoir et de confiance parce que, généralement, les histoires qu'on destine aux enfants finissent bien. En outre, tous les thèmes y sont explorés symboliquement, tel l'abandon, la jalousie, la mort et bien d'autres.

Les contes rassurent l'enfant parce qu'il se rend compte en les écoutant que d'autres que lui vivent des angoisses et des inquiétudes qui s'apparentent à celles qu'il ressent. Ils l'amènent aussi à envisager différentes solutions pour résoudre un problème. L'enfant prête aux méchants, aux loups et aux sorcières une identité qu'il choisit lui-même ; il peut ainsi se venger avec plaisir sans ressentir de culpabilité ou de peur.

À travers presque tous les contes, l'enfant découvre que l'autonomie lui garantit la possession d'un royaume et qu'il peut réussir tout projet à force de persévérance. De plus, les contes l'aident à s'initier au processus de lecture, d'écriture et d'écoute ; il apprend à distinguer les différences qui vont le conduire à la tolérance. Autour de l'âge de deux ans, l'enfant aime des histoires courtes avec répétitions auxquelles l'éducatrice ajoute une petite variante de temps à autre. Il aime qu'interviennent dans le récit plusieurs personnages ou animaux introduits un à un : il augmente ainsi sa capacité à mémoriser. Par exemple, l'histoire peut mettre en scène un petit chat qui rencontre une petite souris qui, à son tour, rencontre une petite grenouille, laquelle rencontre un petit oiseau et ainsi de suite. L'histoire ou la comptine peut se poursuivre chaque jour de façon qu'on puisse y ajouter de nouveaux éléments à mémoriser.

À cet âge, le tout-petit adore les scénarios auxquels se greffent des bruits, des sons et des mouvements; il a un faible pour les contes où le dénouement se fait grâce à l'intervention d'un petit héros. Il se passionne également pour les histoires qui représentent des situations de tous les jours. Un de ses grands plaisirs est de participer à l'histoire en y allant de ses «Toc, toc, toc», ou de «Ah non!» et de «Ah oui!» ou de gestes ou expressions qui ont pour but d'encourager les personnages à avancer dans leurs aventures. Cette activité lui apprend à écouter avec attention et à repérer les moments forts du récit.

Vers l'âge de deux ans et demi ou trois ans, l'enfant commence à préférer les intrigues un peu plus surprenantes et un peu mieux structurées. Il aime entendre des histoires où de petits personnages sont aux prises avec des géants ou des loups, ce sont des symboles qui le rassurent, lui, comme petit. Vous voulez faire plaisir à un tout-petit? Racontez-lui une histoire qui lui est arrivée.

À l'âge de quatre ou cinq ans, l'enfant affectionne les contes plus longs et plus complexes, il commence à s'intéresser à l'histoire et à se passionner pour les livres.

La façon de raconter une histoire

Lorsque nous racontons une histoire à un enfant, il ne faut pas s'attarder à décrire les émotions et les sentiments des personnages. Les sentiments ou les émotions étant vécus et ressentis différemment par chaque individu, celles que nous décririons ne seraient pas nécessairement similaires à celles que l'enfant ressent. Racontons les faits et les événements mentionnés dans l'histoire et laissons-le ressentir. Il n'est pas nécessaire que les histoires aient un thème précis : se laisser guider par un mot ou une expression que l'enfant vient de dire ou par un événement qui vient de se produire peut tout aussi bien exciter son imagination.

Bruno Bettelheim affirme que les enfants ont un bon jugement : ils aiment les fins tragiques et si celles-ci sont justes et appropriées à ceux qui le méritent dans les circonstances, elles ne le troubleront pas. Les enfants adorent que les faibles l'emportent sur les forts et les petits sur les grands, ce qui les rassure sur leurs possibilités. Ils ont également la capacité d'adapter le danger de l'histoire à un niveau qu'ils peuvent supporter.

CHAPITRE 21

L'ÉVOLUTION GRAPHIQUE CHEZ L'ENFANT

À l'aide de milliers de dessins faits par des enfants partout dans le monde, des études ont démontré une constance dans les séquences de développement de l'expression graphique de l'enfant. Qu'ils soient filles ou garçons, de culture, de langue, de couleur ou de niveau social différent, les enfants passent par les mêmes stades, et dessinent les mêmes choses au même âge et de la même façon.

De zéro à cinq ans, l'enfant découvre la vie : chaque jour qui passe le voit cheminer un peu plus en avant. Comme tout ce qui compose sa personnalité, son expression graphique se développe au fur et à mesure qu'il prend conscience du monde dans lequel il vit. Cette évolution s'échelonne sur plusieurs années et comporte plusieurs stades qui vont de la petite enfance jusqu'à l'adolescence. Voyons ensemble les deux stades qui nous concernent et qui apparaissent entre zéro et cinq ans : le gribouillis et le stade préopératoire.

Les gribouillis

Les premiers dessins de l'enfant sont les éléments de construction sur lesquels s'appuie tout le développement graphique de l'enfant. C'est à partir de ses gribouillis que vont se développer les autres stades de son évolution graphique. Un peu plus tard, l'enfant incorporera dans ses dessins ces gribouillis qu'il aura appris à maîtriser. Il s'en servira pour ajouter des cheveux au bonhomme qu'il a dessiné, de la fumée à une cheminée ou des nuages dans le ciel.

Malheureusement, l'adulte ne reconnaît pas toujours l'importance de ces premières créations et leur attribue même parfois une connotation négative. Il considère le dessin de l'enfant en termes «artistiques», c'est-à-dire qu'il l'évalue selon des critères de beauté, d'esthétisme ou de comparaison avec le réel. Ces gribouillis, qui sont pourtant à l'origine de l'expression créatrice, sont souvent perçus comme une répétition de traits sans contenu ou sans sens, comme des barbouillages. Ignorant l'importance que ceux-ci peuvent avoir sur l'évolution de l'enfant, l'adulte peut malheureusement inhiber ses facultés créatrices. Il serait préférable qu'il évite d'émettre des commentaires comme ceux-ci:

«Tu as encore barbouillé aujourd'hui!»

«C'est quoi ça?»

«Un chien c'est brun, pas bleu!»

«Pourquoi ne mets-tu que du noir sur ta feuille?»

«Ah! Regarde le beau soleil!» alors que l'enfant a manifestement dessiné sa première fleur.

Ici encore, comme pour tout ce qui concerne les aspects de son développement, l'enfant a besoin d'être soutenu et encouragé. Ce qu'il dessine c'est sa perception du monde tel qu'il le conçoit pour l'instant et avec les moyens dont il dispose ; plus il grandit et plus il prend conscience des multiples aspects qui composent le monde qui l'entoure ; plus il raffine les traits et les détails de ses dessins et plus il maîtrise ses moyens d'expression.

Ses gribouillis tendent à suivre un ordre que l'on pourrait classer en trois catégories : les gribouillis non contrôlés, les gribouillis contrôlés et les gribouillis historiés.

LES GRIBOUILLIS NON CONTRÔLÉS

La plupart des enfants commencent leurs premiers gribouillis vers l'âge de 18 mois. Les traits varient autant dans leurs emplacements sur la feuille que dans leurs directions et leurs formes. À ce stade,

on remarque que l'enfant dessine en s'aidant de son bras. Ses doigts et son poignet ne sont pas utilisés. Les traits qu'il esquisse à cet âge correspondent à l'arc tracé par le bras et les mouvements demeurent assez larges. Il adore le gros crayon de cire parce qu'il lui permet une bonne préhension.

Il est fréquent que pendant qu'il trace ses gribouillis, l'enfant regarde ailleurs. Les lignes et courbes qui apparaissent sur son papier sont

l'effet du hasard et la répétition d'un mouvement est purement accidentelle. Durant cette première phase, l'enfant est incapable de coordonner le trait de son crayon et le mouvement de son bras. Il n'a pas conscience que ce mouvement de son bras active et guide le crayon.

Il n'établira ce lien qu'après plusieurs tentatives, lesquelles auront favorisé sa dextérité et le développement de sa coordination musculaire. L'addition d'expérimentations l'amènera à constater qu'il est responsable du résultat ; son œil commencera à suivre son mouvement, et l'enfant se rendra compte ainsi que c'est lui qui contrôle son geste. C'est alors qu'il comprendra le lien direct qui existe entre le tracé qui apparaît sur sa feuille et le mouvement de son bras. À partir de cet instant, ses gribouillis sont plus contrôlés.

LES GRIBOUILLIS CONTRÔLÉS

L'enfant établit maintenant le lien entre le trait de son crayon et le mouvement de sa main. Les traits sur son papier ne sont plus dus au hasard, mais à sa volonté de les faire apparaître sur le papier, et c'est avec joie qu'il fait cette découverte. Il répète dès lors avec vigueur les mêmes

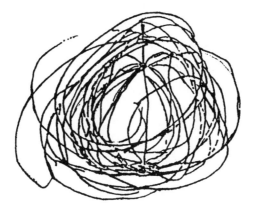

mouvements et découvre l'orientation de la ligne, de la courbe et de la droite. Il prend plaisir à diriger les traits. Il peut maintenant répéter à sa guise le même mouvement, le même dessin.

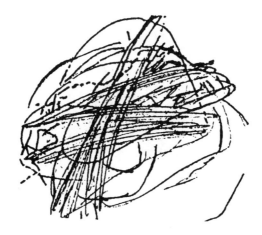

Cette répétition lui procure de l'assurance, il contrôle de plus en plus ses mouvements et, souvent, il dessine à ligne continue sans lever son crayon. Le plaisir et la répétition du mouvement prédominent à ce stade, c'est pourquoi il importe que l'enfant n'ait pas de restrictions spatiales et que son mouvement soit libre d'aller dans toutes les directions.

Si, par exemple, il est contraint de dessiner sur une petite feuille ou sur une petite table, son mouvement sera plus restreint et l'enfant n'aura pas le plaisir de vivre l'expérience dans tout son corps ni d'exploiter toute son imagination, ses sens et sa créativité. Au service de garde, le coin peinture est organisé de façon à lui offrir tout l'espace nécessaire à son expression.

LES GRIBOUILLIS HISTORIÉS

Plus l'enfant contrôle son geste, plus il aime dessiner. Maintenant, il accompagne ses créations de narrations et de monologues et même s'il n'est pas toujours possible de distinguer la relation entre ce qu'il dit et ce qu'il fait, ce qu'il dessine sur son papier est pour lui chargé de symboles.

À partir de cette étape, il fait le lien entre ses mouvements et le monde qui l'entoure! Ce faisant, il passe ainsi au stade préopératoire : le début de la représentation et du préschématique.

Le stade préopératoire

Cette étape suit directement celle du gribouillis. Dans le mélange de traits qui composent son gribouillis contrôlé se cachent ses premières formes. Les mouvements circulaires, les traits horizontaux et verticaux qu'il a tracés vont désormais lui servir à dessiner ses premières formes.

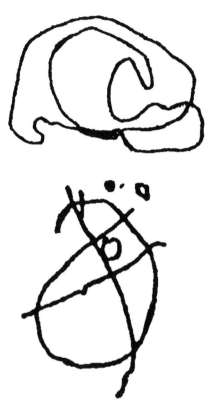

À peu près en même temps qu'il trace ses premières formes, l'enfant commence à les agencer et à les combiner. Déjà, à ce moment, il est possible de distinguer un style qui lui est propre.

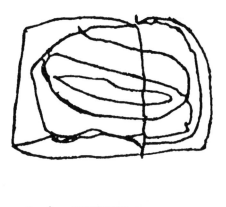

Entre l'âge de deux ans et quatre ans apparaissent les premiers schémas de base universels qui jaillissent et se raffinent : le mandala, la croix, la grille, la croix dans le rectangle et les radiaux :

Les mandalas :

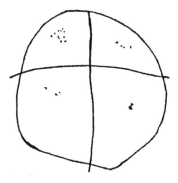

La grille et la croix :

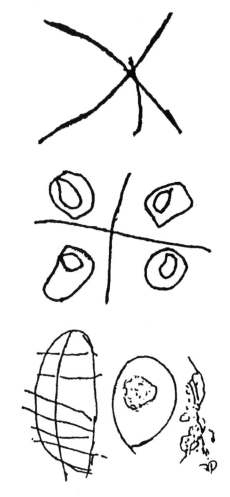

La croix dans le rectangle :

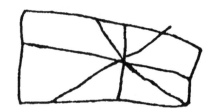

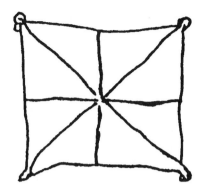

Les radiaux :

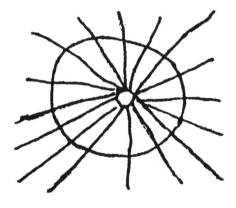

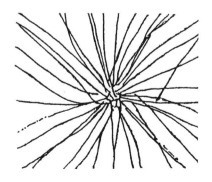

L'enfant assemble ces schémas de base de façons variées, ce qui le conduit peu à peu vers ses premières «vraies» représentations. À

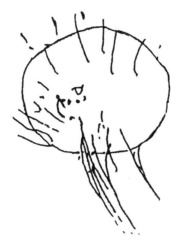

l'aide du mandala, de la croix, du cercle, etc. il dessine le soleil, la fleur et le bonhomme et se rapproche progressivement de la représentation.

Il compose avec les mêmes lignes et les mêmes formes et bientôt dans son soleil il ajoutera des yeux, puis une bouche.

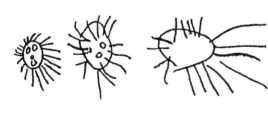 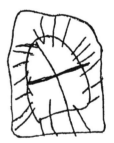

Le bonhomme têtard

Les premiers bonhommes dessinés par l'enfant n'ont pas une allure tellement humaine; il s'agit plutôt d'une courbe plus ou moins fermée, assez ronde pour la tête et d'où partent deux traits vers le bas pour les jambes. On appelle ce stade celui du bonhomme têtard. Ce bonhomme apparaît dans les premières créations représentatives chez tous les enfants du monde de trois, quatre et cinq ans!

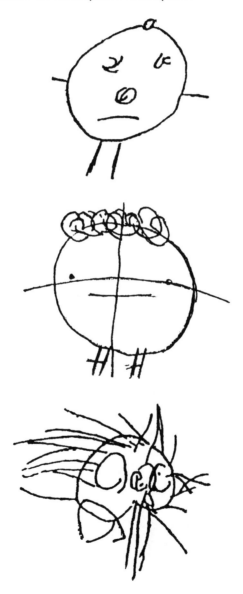

Lentement, des détails s'ajoutent et viennent compléter son bonhomme : des bras sont accrochés de part et d'autre de la tête, des mains et des pieds sont ajoutés.

Les parties du corps qui composent le bonhomme d'un enfant apparaissent au fur et à mesure qu'il fait la découverte de son propre corps. Toutes les expériences motrices qu'il poursuit lui permettent de prendre conscience de l'image de son corps et de la position que ce corps occupe dans l'espace. Par la répétition de ces expériences, petit

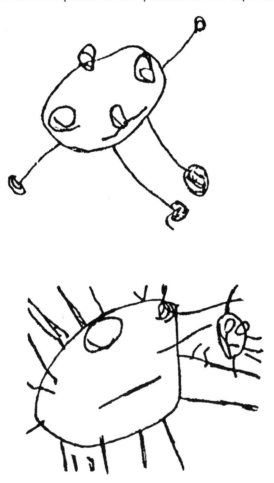

à petit, l'enfant intègre chaque partie de son corps comme une partie de lui-même et il la dessine. C'est seulement lorsqu'il aura intégré que ses bras et ses jambes font partie de lui qu'il commencera à les représenter. Quand il prendra conscience de son tronc, la structure du bonhomme qu'il esquisse évoluera aussi : plutôt que d'être rattachés à la tête, les membres prendront leur place sur le corps[9].

Le bonhomme devient plus complexe au fur et à mesure que l'enfant progresse dans sa découverte de lui-même. S'il dessine deux personnages, il répétera tout simplement le même ; il a saisi la structure et tend à la reproduire.

Les détails du bonhomme se multiplient en même temps que croît l'âge mental de l'enfant, si bien que vers cinq ou six ans, le corps est plutôt complet et articulé. Les variations de l'aspect de ce personnage apportent une indication essentielle : le bonhomme qu'il dessine le représente, lui, tel qu'il se voit. La perception qu'il a de son propre corps, il la projette lorsqu'il dessine : il se dessine lui-même tel qu'il se perçoit.

_____

9. Tous les dessins d'enfants ont été tirés du livre de R. Kellogg, *Analysing Children's Art,* 1970.

Au début, les éléments de son dessin sont représentés de façon assez rudimentaire. L'enfant utilise les mêmes schémas de base pour dessiner un bonhomme, un soleil ou un animal (il est même quelquefois difficile de les distinguer). Il représente des éléments de sa réalité et, comme pour le bonhomme, ces éléments deviennent de plus en plus complexes.

Il dessine ses premiers animaux en utilisant les mêmes schémas de base pour représenter toutes sortes de quadrupèdes et, graduellement, il ajoute des traits plus caractéristiques à chacun.

Les bâtiments et les moyens de transport sont également représentés avec plus de précisions et de détails au fur et à mesure qu'il progresse dans sa connaissance des choses et de la vie.

Ses premiers schémas représentant des arbres, par exemple, ressemblent à ceux qu'il utilise pour dessiner un bonhomme et le soleil. Les radiaux servent à dessiner les branches et les fleurs ressemblent étrangement à ses soleils.

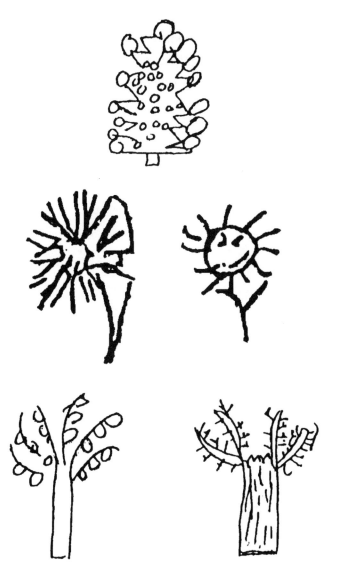

L'observation, un outil essentiel

Dans les services de garde, les éducateurs utilisent l'observation comme un moyen privilégié de mieux connaître l'enfant et de le situer dans son cheminement.

Son évolution graphique mérite toute leur attention : c'est pendant qu'il fait son dessin que l'enfant raconte sa propre histoire et l'ordre d'entrée de ses personnages reflète souvent ses préoccupations. L'expression graphique est liée à son développement mental, physique et affectif, ses progrès dans un domaine entraînent ses progrès dans les autres et c'est en l'observant qu'on peut suivre son tracé.

Voilà donc pourquoi l'installation d'un environnement adéquat, les activités proposées et le mode d'intervention sont si sérieusement considérés : ils peuvent favoriser ou nuire à l'évolution graphique de l'enfant et à toute la créativité qui en découle.

CHAPITRE 22

LA CRÉATIVITÉ

La stimulation de la créativité chez l'enfant

L'enfant qui est encouragé à parler et à exprimer spontanément ses idées est incité à développer sa créativité. Il suffit parfois de peu de chose pour lui permettre de s'exprimer. Pour ma part, je me servais souvent d'objets quelconques mais intrigants: par exemple, un minuscule chapeau que je venais de trouver dans la neige et dont je me demandais bien à qui il pouvait appartenir? Je faisais part de mes interrogations aux enfants en leur montrant l'objet. S'ensuivait immanquablement une discussion où ils émettaient toutes sortes d'hypothèses, d'histoires, de situations et de suppositions que nous pouvions explorer ensemble et qui se poursuivaient dans la joie durant une bonne partie de la journée.

En piquant sa curiosité et en stimulant son imaginaire, nous offrons à l'enfant la possibilité d'exprimer ses sentiments ou sa vision des choses. Il faut alors porter une oreille extrêmement attentive à ce qu'il dit et le respecter dans ce qu'il exprime. Dans certains contextes, ses réactions peuvent être malaisées à comprendre et ses intentions difficiles à saisir, risquant de diluer l'intérêt que nous lui portons et de passer à côté de son raisonnement créatif.

Nous, les adultes, croyons généralement que la réalité est invariable. Mais en portant attention aux expressions et aux commentaires d'un enfant, nous découvrons à quel point sa façon de percevoir la réalité et de la décrire est fascinante.

Un jour que nous jouions, les enfants et moi, à identifier parmi plusieurs illustrations celles qui étaient dépareillées, soit entre un perroquet, une tomate et un citron, un enfant répondit la tomate! Naturellement, il faisait erreur selon la logique du jeu, puisque parmi les articles montrés seul le perroquet ne se mangeait pas. Pourtant sa réponse était pleine de bon sens et très créative, car il avait associé le jaune du citron et du perroquet de sorte que c'est la tomate qui devenait l'objet dépareillé!

Les tout-petits distinguent des détails que la majorité des adultes ne voient plus, non seulement parce que ces derniers n'en prennent plus le temps, mais probablement aussi parce que lorsqu'ils étaient eux-mêmes des enfants, les adultes qu'ils ont côtoyés n'ont pas pris le temps d'écouter, d'entendre et d'encourager leur créativité.

Sans exception, tous les enfants créent!
Sauf exception, tous les adultes, ont perdu cette prédisposition.

Parce qu'on leur a imposé des idées, des modèles, des façons de voir et d'analyser, on a tué leur créativité. Le programme éducatif des centres de la petite enfance encourage la créativité de l'enfant en proposant une organisation de son environnement qui ne restreint pas ses pulsions créatives. Un matériel adéquat est mis à sa disposition et l'enfant l'utilise comme bon lui semble et au moment où il en ressent le désir.

Les créations de l'enfant

On évitera de mettre entre ses mains des livres à colorier dont les dessins tracés par des adultes ne ressemblent en rien à la réalité : avez-vous déjà vu une pomme avec un contour noir ? Des expériences sérieuses concernant la créativité ont démontré et prouvé que les livres à colorier, tels qu'on les connaît, inhibent le développement graphique de l'enfant et éteignent petit à petit sa créativité, en plus de lui enlever toute son assurance. Sa confiance fond comme neige au soleil et, lorsqu'il a une occasion de dessiner, vous pouvez l'entendre dire à l'adulte : «Fais-le toi» ou «Je ne suis pas capable de le faire», sous-entendant qu'il ne saurait, lui, le «faire comme dans le livre». Il peut même se retenir de dessiner de peur de ne pas pouvoir reproduire exactement ce qu'il voit.

Il en va de même pour les modèles tout faits... prêts à emporter ! Au même titre que les livres à colorier, les modèles à copier ne devraient pas être donnés à un enfant. Lorsque celui-ci vient vous montrer fièrement ses créations, félicitez-le, même si le produit fini ne ressemble pas à la description qu'il en fait. L'important est qu'il soit content et qu'il aime ce qu'il a produit.

Pour le jeune enfant, «l'action», le fait d'effectuer un projet, est bien plus importante que «le résultat» !

À la garderie, on encourage l'enfant à travailler à son rythme sans lui imposer le modèle d'un produit fini. Ainsi, il peut s'exprimer librement et dispose de tout le temps nécessaire pour achever son projet à sa satisfaction. Afin qu'il puisse «travailler» à son goût, l'enfant ne doit pas avoir à trop se soucier de la propreté de ses vêtements. Il est recommandé de lui faire porter des vêtements amples et d'un entretien facile pour qu'il puisse profiter au maximum de toutes les activités qui lui sont proposées.

Sans doute serez-vous surpris d'apprendre qu'il existe encore des enfants qui refusent de participer aux activités parce qu'ils craignent de se salir et des parents qui les en préviennent et qui sont mécontents à la fin de la journée lorsqu'ils découvrent une tache! À la garderie, au cours d'une activité de peinture, par exemple, l'enfant porte un vêtement protecteur, un petit «couvre-tout», mais un accident est si vite arrivé... Gardez les costumes et les tenues signées pour les grandes occasions.

Quand on est un enfant, l'important n'est pas de garder ses vêtements propres ou d'obtenir un dessin fini digne de la réalité d'un adulte, mais de pouvoir satisfaire ses besoins de création, d'effectuer des choix, d'explorer différentes textures et techniques, en somme, de s'exprimer librement et, surtout, de s'amuser. L'aide que peut apporter un adulte lorsqu'il modifie les projets d'un enfant sous prétexte de les rendre «plus beaux» aboutit certainement à un meilleur résultat, mais qu'advient-il de l'expérience de l'enfant?

Les créations de l'enfant sont à l'image de la liberté qu'on lui accorde.

Lorsque l'enfant exhibe ses créations, il n'est pas nécessaire de lui demander «qu'est-ce que tu as fait?», d'essayer de deviner ce qu'il a dessiné ou de commenter immanquablement son œuvre par un «c'est beau!» Il vaut mieux plutôt parler de sa création, des couleurs qu'il a choisies, des formes qu'il a dessinées, de l'effort qu'il y a consacré et de la fierté qu'il éprouve. Au lieu de commenter, laissons-le s'exprimer, écoutons-le nous raconter l'histoire de sa création. Il importe qu'il sache que la seule personne à qui il doit plaire, c'est lui-même.

CHAPITRE 23

LES PEURS DE L'ENFANT

Tous les enfants éprouvent de la peur à un moment ou un autre au cours de leur enfance. La nuit est une période particulièrement éprouvante. Il fait noir et en plus de se retrouver seul, l'enfant est séparé de ceux qu'il aime. Même la sieste à la garderie peut être une cause de peur et d'angoisse. Heureusement qu'il a sa «doudou» pour le rassurer!

La peur de l'enfant n'est pas seulement causée par ce qu'il voit ou entend, elle est liée à son développement et à sa découverte du monde. Tout petit, le bébé éprouve de la peur, par exemple lorsqu'il entend le bruit de l'aspirateur ou du mélangeur. Vers l'âge de huit ou neuf mois, il devient craintif à la vue d'un visage inconnu, c'est le début de la peur d'être séparé. Vers 18 mois, il commence à avoir peur du noir, du Père Noël, des clowns et de tout ce qui lui est encore inconnu.

Entre l'âge de deux et cinq ans, il se réveille parfois la nuit en pleurant et s'inquiète de savoir si le dessous de son lit n'abriterait pas des monstres, des loups, des sorcières ou des fantômes. C'est au fur et à mesure qu'il découvre de nouveaux phénomènes et les comprend qu'il acquiert de la confiance.

La peur du noir et celle d'être séparé de ses parents sont les deux peurs qu'il gardera le plus longtemps. L'enfant a peur parce qu'il ignore encore le fonctionnement du monde et de la vie. Des situations pouvant paraître évidentes à un adulte peuvent devenir cauchemardesques pour un enfant.

Il était une fois...

C'est l'histoire d'une petite fille de trois ans qui fréquentait la garderie depuis près de deux ans. C'était une fillette qui adorait la vie, elle était toujours gaie et joyeuse. Soudain, son attitude se transforma: un matin, au moment où sa mère était sur le point de la quitter, elle se mit à pleurer, remplie d'une peine inexplicable et incompréhensible. Elle recommença le lendemain, le surlendemain et les matins qui suivirent. Rien en apparence n'avait changé, ni à la garderie ni à la maison, et soudain cette enfant s'était mise à souffrir démesurément du départ de sa mère. Elle restait devant la fenêtre pendant de longues périodes, ne jouait presque plus et était immensément triste. Après de multiples recherches pour découvrir la source de ce gros chagrin, discussions et questionnements entre l'éducatrice et la mère, la lumière se fit enfin sur son «drame».

Quelques semaines auparavant, la petite avait accompagné sa mère pour des courses au centre commercial. Une distraction lui avait fait perdre sa maman de vue et, pendant quelques minutes, elle était restée seule. Il avait suffi de ces quelques minutes pour que naissent en elle l'angoisse et la peur terrible de ne plus jamais revoir sa mère.

Une chose ou une situation en apparence banale pour l'adulte peut devenir une véritable tragédie pour un enfant et engendrer chez lui une grande frayeur. À partir de ce moment où elle s'était retrouvée seule et apparemment abandonnée, chaque fois que sa mère s'éloignait, sa peur de la perdre remontait à la surface et l'oppressait. Pour que la fillette soit guérie de sa crainte, il a fallu prendre beaucoup de temps pour écouter ce qu'elle ressentait et pour la rassurer. Petit à petit sa confiance et son sourire sont réapparus.

Je connais une autre histoire tout aussi bouleversante. Il était une fois « ma » petite fille, alors âgée de trois ans et demi. Ce jour-là, je me rends avec elle à l'hôpital Sainte-Justine pour une vérification pédiatrique. Je précise que c'est la première fois qu'elle met les pieds dans un grand édifice. Nous devons nous rendre au septième étage et, comme à notre arrivée l'ascenseur est rempli d'une quinzaine de personnes, il nous faut attendre le suivant. Les portes de l'ascenseur se referment donc sur ces quinze personnes, monte, puis redescend quelques minutes plus tard. Les portes s'ouvrent, nous entrons dans la cabine et c'est à cet instant que ma petite fille se cramponne très fort à moi et, d'un air terrorisé, me demande si nous allons nous aussi « disparaître » !

Il est facile d'imaginer toute la peur qu'elle avait dû ressentir en entrant dans cet ascenseur vide après y avoir vu, quelques secondes plus tôt, une quinzaine de personnes qui n'étaient plus là lorsque les portes se sont de nouveau ouvertes.

Il y a des situations où il ne suffit pas de dire à un enfant que rien de grave ne peut lui arriver, qu'il n'y a pas de danger, que les fantômes n'existent pas ou que le chien dont il a peur n'est pas méchant. Il faut faire tout ce qui est possible pour comprendre sa peur, la partager et lui fournir suffisamment d'explications « logiques » pour qu'il comprenne ce qui se passe. Dans le cas présent, j'ai fait à ma fille un grand « dessin » de l'hôpital et lui ai expliqué le fonctionnement d'un ascenseur afin qu'elle comprenne bien que les gens qu'elle y avait vus n'étaient pas vraiment disparus.

Bon nombre de livres d'histoires présentent diverses situations qui donnent à l'enfant des occasions d'exprimer ses sentiments de peur.

Au moyen de ces contes, le petit peut s'identifier à la victime qui déjoue astucieusement le danger ou se sort d'un mauvais pas; l'enfant éprouve alors une impression de force et de confiance en lui qui pourra le rassurer s'il doit affronter des situations difficiles.

Les comportements d'anxiété et d'inquiétude que ressent l'adulte en ce qui a trait aux expériences d'un enfant peuvent aussi faire naître ou entretenir des peurs irraisonnées. Par exemple, des avertissements incessants comme ceux-ci:

«Attention, tu vas te faire mal!»
«Attention de ne pas tomber!»
«Mets tes souliers, tu vas te faire mal aux pieds.»
«Ne va pas dans l'eau, tu vas être malade!»
«Bois lentement, tu risques de t'étouffer.»

Ces avertissements fondés sur une bonne intention sont, somme toute, très légitimes, mais ils devraient être formulés sans comporter de menace et s'accompagner d'une explication significative; il faut éviter que l'enfant s'imagine que la vie est remplie de situations dangereuses. L'enfant doit connaître les motifs de ces interventions, de telle sorte qu'il puisse apprendre à s'adapter et à agir de manière à éviter les dangers et gagner suffisamment de confiance en lui pour faire face à des situations délicates. S'il ne connaît pas les raisons et les motifs de certains avertissements, il y a fort à parier qu'il ressentira les inquiétudes et les peurs que l'adulte essaie pourtant de lui éviter.

Devant la vulnérabilité de l'enfant, les essais qu'il tente et les risques qu'il court, notre comportement est garant de sa force.

CHAPITRE 24

LE SOMMEIL

Au début de sa vie, le bébé passe presque tout son temps à dormir entre les tétées. En effet, le nouveau-né passe environ vingt heures chaque jour dans les bras de Morphée. Vers l'âge de dix mois, et souvent jusqu'à l'âge de trois ans, il dort près de quinze heures par jour, entre ses nuits de douze heures et sa sieste de l'après-midi. Entre trois et six ans, la longueur des nuits diminue un peu et l'enfant dort généralement près de dix heures ; parfois il fait une sieste d'environ deux heures chaque jour, habitude qu'il abandonne petit à petit entre l'âge de quatre et cinq ans.

Évidemment, ce sont ici des généralités et ces données peuvent varier d'un enfant à un autre. Ce ne sont pas les différences par rapport aux normes qui doivent nous inquiéter, mais des variations dans les habitudes personnelles de sommeil qui peuvent indiquer que quelque chose ne va pas. Il y a des périodes où un enfant n'a pas envie de dormir et d'autres où il veut se réfugier dans le sommeil. Or, pour trouver le sommeil, il faut s'abandonner et pour s'abandonner il faut se retrouver dans un contexte de confiance totale.

L'enfant nouvellement entré à la garderie peut éprouver des difficultés à s'abandonner au sommeil ; dans ces conditions, il faut lui laisser le temps de s'adapter et d'intégrer sa nouvelle vie. À la garderie, l'horaire de la sieste, régulier et routinier, permet à l'enfant de le prévoir dans le temps. L'éducatrice profite souvent de ce moment pour raconter une histoire, faire entendre de la musique douce, masser l'enfant afin qu'il parvienne au sommeil dans une détente complète. Le fait d'avoir son propre matelas, ses propres draps et sa doudou ou son toutou… contribue aussi à le rassurer.

CHAPITRE 25

LES MALAISES ET LES MALADIES

Il n'est pas rare que l'enfant qui commence à fréquenter la garderie contracte de petites maladies. Le fait qu'il soit quotidiennement en contact avec plusieurs enfants lui assure une «immersion» complète dans l'univers des microbes.

Bien que les services de garde soient extrêmement vigilants, que les mesures d'hygiène y soient strictes et que le personnel ait recours régulièrement à la désinfection de tout le matériel, les parents peuvent s'attendre que les microbes soient les premiers à initier leur petit à la vie de groupe. Il lui faudra donc développer ses propres défenses et, pour y arriver, il devra malheureusement se mesurer à eux. Grâce à la vaccination massive en vigueur au cours des dernières décennies, plusieurs maladies ont été contrôlées et quelques-unes sont même en voie de disparition. La vaccination est recommandée à partir de l'âge de deux mois et protège les enfants contre plusieurs maladies infantiles telles la diphtérie, la coqueluche, le tétanos, la poliomyélite, la méningite de type B (dont le vaccin se nomme HIB), la rougeole, la rubéole et les oreillons.

Parce qu'elles sont contrôlées en grande partie par la vaccination, on retrouve rarement ces maladies en milieu de garde et, lorsque cela se produit, on peut compter sur des interventions immédiates pour éviter leur propagation. Ce sont plutôt les petits malaises incommodants qui pourront contraindre occasionnellement le parent à garder son enfant à la maison afin de limiter la contagion.

La question est donc la suivante : à quel moment peut-on conduire l'enfant à la garderie et à quel moment doit-on le garder à la maison ? Voici une liste des symptômes des maladies fréquemment identifiés en service de garde.

La fièvre

Tous les services de garde sont dotés d'une politique concernant les enfants malades. C'est au moment de l'inscription que les intervenants informent les parents des dispositions qu'ils préconisent advenant que leur enfant contracte une maladie. Cette politique est sensiblement la même pour tous les services de garde, puisqu'elle est sous-tendue par les recommandations du MFE dans son livre *La santé des enfants… en services de garde éducatifs.*

Normalement en cas de fièvre légère (température rectale moindre que 39,5 °C/103 °F), si l'enfant continue de s'amuser, de manger et de boire, son éducatrice le réconfortera tout en surveillant l'évolution de son état. Si la température rectale dépasse 39,5 °C (103 °F) et que l'enfant donne des signes d'inconfort, on prévient les parents. L'éducatrice pourra lui administrer de l'acétaminophène (Tylenol, Tempra ou une marque maison) si un parent a signé le protocole d'entente qu'on lui aura soumis au moment de l'inscription. Un parent qui se sera abstenu de le signer devra lui-même venir administrer le médicament à l'enfant, le service de garde n'en ayant pas reçu l'autorisation.

Une fois le médicament administré, le service de garde prévient le parent et le tient au courant des changements. Lorsque l'état de l'enfant reste inchangé au bout de la première heure, on demande généralement au parent de venir le chercher le plus rapidement possible.

Le rhume

Le rhume est probablement la principale maladie avec laquelle votre petit devra apprendre à vivre. Il est extrêmement contagieux mais très peu menaçant. Il est agaçant, particulièrement pour les jeunes bébés qui n'ont pas la capacité de se moucher, ce qui peut entraîner des difficultés respiratoires et, éventuellement, des complications. Les sécrétions qui s'accumulent dans les voies respiratoires peuvent provoquer en effet des infections aux oreilles (otites) et aux yeux (conjonctivites). En général, un rhume dure environ une semaine et se propage par contact direct. Les services de garde n'excluent pas les enfants enrhumés mais, afin de limiter la contagiosité, on y pratique le lavage fréquent des mains ainsi que la désinfection des jouets et de toutes les surfaces susceptibles d'être contaminées. Ces pratiques sont indispensables : il est scientifiquement prouvé que le seul fait de se laver les mains diminue de moitié la transmission des microbes. Malheureusement, le rhume étant un virus, aucun médicament n'arrive encore à l'enrayer ; cependant, certains médicaments agissent pour soulager les malaises tels la fièvre et la congestion.

La varicelle

Comme le rhume, la varicelle est un virus. Certains produits médicamentés soulagent les démangeaisons occasionnées par cette maladie, mais encore de nos jours, aucun médicament ne peut l'enrayer. Il existe cependant un nouveau vaccin contre la varicelle ayant récemment reçu la «bénédiction» de Santé Canada, qui devrait être disponible sous peu.

En attendant, il faut considérer que cette maladie très contagieuse n'apporte que rarement des complications. Avant que n'apparaissent les éruptions, la varicelle se manifeste par une poussée de fièvre; c'est à ce moment que l'enfant devient contagieux. Cette fièvre précède d'environ cinq jours l'apparition de boutons et la contagion se poursuit jusqu'à ce que les boutons soient secs, c'est-à-dire 5 ou 10 jours après leur apparition. Les services de garde, depuis peu, n'excluent plus l'enfant qui contracte la varicelle, car au moment ou le diagnostic est confirmé, le petit a déjà contaminé tout le groupe!

Lorsqu'un enfant est atteint de la varicelle, le service de garde en informe les parents.

L'otite

Après le rhume, l'otite est la maladie qui atteint le plus d'enfants en garderie. Cette maladie, souvent due à la complication d'un rhume, s'attaque aux plus jeunes, dont les voies respiratoires, qui n'ont pas encore atteint leur maturité physiologique, s'obstruent facilement. L'otite s'accompagne de fièvre et cause souvent une perte d'appétit ainsi que de la douleur aux oreilles.

La majorité des cas d'otites requièrent une consultation médicale et un traitement aux antibiotiques. Afin de diminuer les risques d'obstruction des voies respiratoires et d'infection des conduits auditifs, on évitera de donner le biberon au lit, car c'est une des principales causes de l'otite.

La conjonctivite

La conjonctivite est une infection à l'œil souvent due à une complication d'un rhume. La contamination se fait directement par les doigts, les sécrétions respiratoires et le matériel souillé. L'enfant de moins de trois ans la contracte plus facilement, parce qu'il porte davantage les objets à son visage et à sa bouche. Il est possible d'éliminer une grande partie des microbes, par une désinfection rigoureuse, mais les microbes étant microscopiques, il est malheureusement impossible de tous les éliminer. La conjonctivite se propage très rapidement chez les bébés et les plus jeunes enfants, mais elle se traite aisément par antibiotique externe. La contagion cesse dès le lendemain, voilà pourquoi on suggère de consulter rapidement un médecin.

L'herpès

L'herpès est une infection qui atteint fréquemment la bouche (feu sauvage). La contamination se fait par contact direct avec des lésions ou la salive d'une personne infectée et par contact indirect avec des objets (jouets) récemment contaminés.

L'impétigo

L'impétigo est une infection à streptocoque et staphylocoque (bactéries) identifiable par des lésions sur la peau. Elle est souvent une complication d'un «bobo» infecté. La contamination se fait encore une fois par contact direct avec des lésions ou des gouttelettes provenant du nez et de la gorge de personnes infectées ou porteuses.

Afin d'éviter la multiplication et la transmission de ces infections, le service de garde peut à sa discrétion décider d'exclure un enfant atteint jusqu'à vingt-quatre ou quarante-huit heures après le début d'un traitement aux antibiotiques prescrit par le médecin. Si l'enfant n'est pas traité médicalement, il ne réintégrera la garderie que lorsque les lésions auront disparu.

L'exclusion s'applique le plus souvent aux enfants âgés entre zéro et trois ans. Comme je l'ai mentionné, les contacts directs sont plus fréquents chez les plus petits. Après l'âge de trois ans, il est plus facile d'expliquer aux enfants que certains *petits bobos* sont contagieux et peuvent être transmis. Avec un peu d'aide de la part des adultes, les enfants de cet âge peuvent collaborer en limitant les contacts directs, cause de la contagion.

Dans le cas des maladies qui précèdent, l'exclusion de l'enfant n'est pas exigée systématiquement, mais un service de garde peut l'avoir inscrit dans ses politiques internes afin de protéger les autres enfants des dangers de contamination. Il est possible de prendre connaissance des particularités de cette politique au moment de l'inscription de l'enfant.

Les exclusions

D'autres maladies contagieuses obligent cependant les services de garde à exclure les enfants atteints et ce, pour tous les groupes d'âge. En plus de l'exclusion, le CPE a l'obligation de déclarer tous ces cas au département de santé communautaire (DSC). La coqueluche, la rougeole et les oreillons sont des maladies à déclaration obligatoire : dès leur apparition, elles doivent être déclarées au DSC de la région. Informez-vous auprès de votre CPE ou auprès de la responsable du service de garde en milieu familial ; une affiche sur laquelle sont décrites ces maladies est disponible pour consultation. Vous pouvez également si vous le désirez vous procurer le guide du ministère de la Famille et de l'Enfance intitulé *La santé des enfants... en services de garde éducatifs* en vente aux publications du Québec.

Les poux (pédiculose)

Il ne s'agit pas du sujet le plus intéressant, mais bon nombre de parents doivent affronter un jour ou l'autre ces petits parasites que sont les poux. C'est un problème simple, mais extrêmement désagréable à surmonter. Dès la découverte d'un parasite en service de garde, on demande à tous les parents du groupe de l'enfant atteint d'appliquer le soir même un shampooing traitant disponible sans ordonnance en pharmacie. Ce shampooing est très efficace pour détruire rapidement les poux et, dans la plupart des cas, une seule application suffit à éliminer complètement le problème. Par contre, il n'est pas préventif. Le service de garde demande également aux parents d'apporter chez eux les draps, couvertures et autres articles appartenant à l'enfant afin qu'ils soient lavés (chapeau, peigne, brosse etc.). Par ailleurs, le service de garde effectue une désinfection, et lorsque tous collaborent, le problème est généralement éliminé rapidement.

L'érythème fessier

Votre tout-petit souffrira peut-être un jour d'érythème fessier (les fesses rouges et irritées). Bien qu'il puisse s'agir du résultat d'un excès d'humidité provenant de l'urine et des selles dans sa couche, d'autres facteurs peuvent aussi en être responsables. Par exemple, des aliments solides nouvellement introduits dans l'alimentation du bébé, des antibiotiques ou encore une poussée dentaire peuvent favoriser l'apparition de l'érythème fessier. Il est possible de prévenir ce malaise ou du moins d'en réduire l'inconfort en changeant fréquemment la couche du bébé afin qu'il soit le plus au sec possible. Il faut bien laver et assécher sa peau à chacun des changements de couche. Dans le cas d'un érythème déjà présent, le mieux est de laisser les fesses de l'enfant non couvertes le plus longtemps possible afin que sa peau puisse respirer et d'utiliser un produit qui accélérera la guérison. Des crèmes à base de vitamine E ou de zinc s'avèrent très efficaces. Le parent fournira au service de garde les produits qu'il utilise habituellement à la maison. Si, après avoir pris toutes ces précautions, le problème persiste au-delà de trois jours, il vaut mieux consulter un médecin.

Les premières dents

Lorsqu'on est un jeune bébé, il faut vivre des expériences qui ne sont pas toujours heureuses. Parmi ces expériences il y a la sortie des premières dents et, un peu plus tard, celle des molaires.

Les premières dents apparaissent vers l'âge de six mois et incommodent souvent l'enfant à divers degrés. Ces «nouveautés» n'arrivent malheureusement pas seules; elles peuvent être accompagnées d'un ou de plusieurs symptômes: douleur, refus de manger ou de boire, fièvre, diarrhée, pleurs, plaques rouges au visage, nez qui coule, érythème fessier. Lors de la percée dentaire, l'enfant peut ressentir le besoin de mordre. Pour le soulager, il est bon de lui offrir un anneau de dentition ou une débarbouillette humide qu'il pourra mordiller pour obtenir un certain soulagement. Plusieurs autres malaises ou petites maladies peuvent également affecter les tout-petits, mais, m'appuyant sur mon expérience, je me suis contentée d'aborder ici les plus fidèles «habituées» des services de garde.

Une bouée de sauvetage : le lavage des mains

Les maladies sont des sources d'embêtement pour tout le monde, autant pour les enfants que pour les adultes. Heureusement, il existe un moyen préventif qui peut réduire de beaucoup la contamination. Le truc est simple, il consiste à se laver les mains.

La transmission des germes se fait principalement lorsque nous portons les mains à la bouche. Et il a été prouvé que le seul fait de se laver les mains éliminait la propagation jusqu'à 50 p. 100. C'est énorme quand on y pense et cela vaut la peine de mettre en pratique ce simple geste. Au service de garde, l'enfant est incité très tôt à se laver les mains. On lui apprend que les germes se propagent par les mains et que pour les éloigner, il doit se laver les mains souvent : avant de manger, après qu'il est allé aux toilettes, après qu'il a toussé, éternué, qu'il s'est mouché, lorsqu'il rentre à la maison ou lorsqu'il vient de jouer avec un animal. L'enfant apprend également à se laver les mains avec du savon et de l'eau et à les essuyer avec du papier ou une serviette propre. Les services de garde utilisent généralement du savon liquide ; limitant les manipulations, il diminue les risques de contamination. Le lavage des mains fait partie de la routine quotidienne à la garderie et, au même titre que les autres activités, il devient un jeu souvent accompagné d'une chanson ou d'une comptine, ce qui facilite son apprentissage et le rend amusant.

Les médicaments à la garderie

Le règlement sur les centres de la petite enfance stipule qu'aucun médicament ne peut être administré à un enfant reçu en installation ou en milieu familial sans l'autorisation écrite du parent ET d'un médecin membre de l'Ordre des médecins du Québec. Le parent pourra donc, au moment de l'inscription de son enfant, compléter et signer cette autorisation sur un formulaire prévu à cet effet. La personne qui la guidera lors de l'inscription lui fournira les exemplaires nécessaires. Malgré cette exigence de la réglementation, l'acétaminophène (Tylenol, Tempra, etc.) et des solutions orales d'hydratation dans les cas de diarrhée ou de gastro-entérite peuvent être administrées à un enfant sans ordonnance médicale, pourvu que le parent ait signé l'autorisation prévue à cet effet.

CHAPITRE 26

LA SEXUALITÉ CHEZ L'ENFANT

L'intérêt sexuel

À un âge qui peut varier entre 18 mois et 3 ans, l'enfant découvre qu'il est un garçon ou une fille. S'il prend en compte les différences qu'il constate, il retient surtout ce que ses parents ou les adultes qui l'entourent lui *ont dit à propos de son identité sexuelle.* Il se découvre un intérêt pour ses organes génitaux et éprouve du plaisir à les toucher. Ces attouchements, que les adultes considèrent comme de la masturbation, il préfère généralement en parler comme d'un jeu : il dit qu'il se chatouille.

Si votre enfant s'y adonne, cela ne devrait pas vous inquiéter, à moins qu'il ne pratique la masturbation de façon excessive et compulsive et qu'elle remplace des activités auxquelles il se consacre normalement. L'autoérotisation n'entraîne guère de désagréments majeurs et son interdiction entraîne rarement l'effet escompté. Pareille intervention rend l'enfant craintif ou suscite un sentiment de culpabilité, ce qui renforce son angoisse parce qu'il ne comprend pas les raisons de cette interdiction ; bien souvent, il augmentera sa pratique au lieu de l'interrompre.

L'identité sexuelle et le complexe d'Œdipe

Entre l'âge de deux et trois ans, l'enfant est attiré par les différences sexuelles. La petite fille envie le pénis du petit garçon et celui-ci éprouve de la fierté à en posséder un, en même temps qu'il a peur de le perdre et de devenir semblable à la petite fille.

Plus l'enfant avance en âge, plus il prend conscience de ses différences physiques. Et plus il prend conscience de ces différences, plus il s'aperçoit que ces différences entre les sexes font partie de sa vie. Maman est une fille et papa est un garçon : l'enfant est comme papa ou comme maman. Cette déduction l'amène à penser : «Je suis un garçon comme papa et maman l'aime ou je suis une fille comme maman et papa aime maman!»

Dès lors, les sentiments d'attachement et de dépendance qu'il éprouvait lorsqu'il était un bébé se transforment en amour. C'est la manifestation première du complexe d'Œdipe : l'enfant éprouve un élan passionné pour le parent de l'autre sexe. Le petit garçon adoptera des attitudes de son père pour plaire à sa mère, tandis que la petite fille s'identifiera à sa mère pour séduire son père. L'enfant se retrouve rempli de sollicitude et du désir de se rendre utile, il recherche la présence du parent convoité, le réclame pour lui seul. À cet âge, tous les enfants déclarent au parent à qui ils ne ressemblent pas : «Quand je serai grand je vais me marier avec toi»! Mais le parent qui est l'objet de ce nouvel élan amoureux rompt, souvent sans le vouloir, cette intimité exclusive que l'enfant essaie de créer ; l'enfant se sent alors exclu quand, par exemple, il doit aller se coucher seul, alors que ses parents restent ensemble. C'est alors qu'il prend conscience du sentiment qui unit ses deux parents. Il éprouve de la jalousie et se retrouve face à un sérieux dilemme : la petite fille admire et aime sa mère de tout son cœur, mais en même temps elle la déteste de s'accaparer l'attention de son père, dont elle voudrait profiter exclusivement. De même, le petit garçon est partagé entre l'admiration et l'amour qu'il éprouve pour son père et sa convoitise pour sa mère.

En détestant l'autre parent, l'enfant en arrive à souhaiter qu'il disparaisse et entretient même le désir de l'éliminer ; il est malheureux, se sent méchant et craint que le parent ne se rende compte des projets qu'il nourrit et des idées sordides qui le hantent. Il ne veut pas que le parent rival se fâche ou ait de la peine et il se sent coupable de ses pensées. Il est partagé entre des sentiments d'amour et de haine. Cette période est difficile, sérieuse et intense pour la plupart des enfants.

À un enfant qui manifeste ouvertement son désir d'exclusivité envers son parent de sexe opposé, il vaut mieux dire la vérité et ne pas entretenir ses fantasmes. En contrepartie, il faut aussi protéger l'image et l'estime de soi de l'enfant. Les parents, en veillant à ce que leur discours ne devienne ni officiel ni grave, mettront l'enfant en face de la réalité : l'amoureux de maman c'est papa et l'amoureuse de papa c'est maman. Et tous les deux aiment de tout leur cœur leur petite fille ou leur petit garçon. Le parent convoité ajoutera qu'il ne pourra jamais se marier avec l'enfant puisqu'il l'est déjà dans son cœur avec l'autre parent. Lorsque le petit garçon sera grand, il trouvera lui aussi une amoureuse qu'il pourra épouser et la petite fille, un amoureux qu'elle pourra épouser.

Conclusion

Conclure c'est prétendre que tout a été dit. Or, s'il est un sujet où tout est encore à dire, c'est bien celui de la petite enfance. Bien que notre connaissance de l'enfant évolue chaque jour, nous sommes encore au début de cette grande représentation de la vie et le meilleur reste sans doute à venir.

L'enfant est une personne qui s'apprête à grandir et la qualité de son évolution dépend de l'environnement que nous lui offrons. À ce jour, tous s'entendent pour dire que l'adulte qu'il deviendra sera le reflet direct de cet environnement. L'entourage indispensable à sa sécurité affective est bien sûr sa famille ; c'est avec elle qu'il prend ses premiers appuis, qui lui ouvrent la route de la vie.

L'environnement éducatif proposé par les services de garde québécois actuels lui offre en complément une place en première classe pour son voyage au centre de la petite enfance.

Bibliographie

BACUS, Anne. *Bébé joue : les jouets de l'enfant, de la naissance à trois ans,* coll. Les cahiers de bord, Paris, Marabout /Livre jeunesse, 1998, 128 p.

BAUDONNIÈRE, Pierre-Marie, et Riadh LEBIB. *Les premiers pas vers l'acquisition du langage,* Genève, Devenir, vol. XI, nᵒ 2, 1999, p. 37-52.

BETTELHEIM, Bruno. *Psychanalyse des contes de fées,* Paris, Robert Laffont, 1976, 512 p.

BETTELHEIM, Bruno. *Dialogues avec les mères,* Paris, Robert Laffont S.A., 1973, 307 p.

BOWLBY, J. *Attachement et perte,* Paris, P.U.F. 1977.

CLERGET, J., D. H. Le Poncin et autres. *L'accueil des tout-petits,* coll. Mille et un bébés, Paris, Éd. Érès, 1998,123 p.

CRAMER, Bertrand. *Secrets de femmes de mère à fille,* Laval, Québec-livres 1996, 244 p.

DAVID, Myriam. *2 à 6 ans, vie affective et problèmes familiaux,* Paris, Dunod, 1997, 128 p.

DAVID, Myriam. *0 à 2 ans, vie affective et problèmes familiaux,* Paris, Dunod, 1998,127 p.

DAVID, Myriam, et Geneviève APPEL. *Lockzy ou le Maternage insolite,* Paris, Éditions Scarabée, 1973, 185 p.

DOLTO, Françoise. *La cause des enfants,* Paris, Robert Laffont, 1986, 469 p.

DUCLOS, G., D. LAPORTE et J. ROSS. *Les grands besoins des tout-petits,* Montréal, Éditions Héritage, 1994, 262 p.

EPSTEIN, Jean. *Le jeu enjeu,* Paris, Éditions Armand Colin Bourrelier, 1996, 127 p.

GORDON, Thomas. *Parents efficaces,* Montréal, Le Jour, éditeur, 1976, 445 p.

GUTTON, P. *Le jeu chez l'enfant,* Paris, Éditions Greupp, 1988, 176 p.

KELLOG, Rhoda. *Analysing Children's art,* California, 1970.

LAVIGNE Marie, et Yolande PINARD. *Travailleuses et féministes. Les femmes dans la société québécoise,* Montréal, Éditions du Boréal Express, 1983, 430 p.

LEZINE, Irène. *Propos sur le jeune enfant,* Paris, Éditions Mame, 1974, 238 p.

LIAUDET, Jean Claude. *Dolto expliquée aux parents,* Paris, Éditions L'Archipel, 1998, 215 p.

LOWENFELD, Victor et W. B. LAMBERT. *Creative and Mental Growth,* New York, Mac Millan Publishing, 1975, 430 p.

MARTIN, J., C. POULIN et I. FALARDEAU. *Le bébé en garderie,* ouvrage réalisé sous la responsabilité du collège du Vieux-Montréal, Sainte-Foy, Presses de l'Université du Québec, 1998, 1993, © 1992, 419 p.

MAUFFETTE GILLAIN, A. *Revisiter les environnements extérieurs pour enfants: un regard sur l'aménagement, le jeu et la sécurité,* Hull Coopsco, Éditions Reflex, 1999, 217 p.

PEIRCE, Penney. *L'intuition, une voix qui ne trompe pas,* Montréal, Le Jour éditeur, 1998, 392 p.

PIAGET, Jean. *La naissance de l'intelligence chez l'enfant,* Neuchâtel, Delachaux et Niestlé, 1968, 6e édition, 370 p.

PIAGET, Jean. *La formation du symbole chez l'enfant,* Neuchâtel, Delachaux et Niestlé, 1970, 310 p.

PIERREHUMBERT B., S. DIECKMANN et autres. *Une procédure d'analyse des entretiens semi-structurés inspirée du paradigme de l'attachement,* Genève, Devenir, vol. XI, n° 1, 1999, p. 97-126.

OSGE, *Des enfants gardés... en sécurité,* Québec, Les Publications du Québec, 1988, 262 p.

OSGE. *Faire garder ses enfants au Québec... Une histoire toujours en marche,* Québec, Éditeur officiel, 1990, 108 p.

Québec (Province). *Le programme éducatif des centres de la petite enfance,* Québec, Les Publications du Québec, 1997, 38 p.

Québec (Province). *Loi sur les centres de la petite enfance,* Québec, Éditeur officiel du Québec, 1997, 34 p.

Québec (Province). Ministère de la Famille et de l'Enfance. *La santé des enfants... en services de garde éducatifs,* Coll. Petite enfance, Québec, Les publications du Québec, 2000, 271 p.

Québec (Province). Ministère de la Famille et de l'Enfance. *Jouer, c'est magique: Programme favorisant le développement global des enfants,* Tomes 1 et 2, Québec, Les publications du Québec, 1998, 158 p. et 129 p.

Québec (Province). *Règlements sur les centres de la petite enfance,* Québec, Éditeur officiel du Québec, 1997, 19 p.

SOLTER ALETHA, J. *Comprendre les besoins de votre enfant,* Saint-Laurent, Éditions Trécarré, 1993, 232 p.

WEITZMAN, Elaine. *Apprendre à parler avec plaisir,* Le programme Hanen, Édité par le centre Hanen, Bibliothèque nationale du Canada, 1985, 322 p.

WINNICOTT, D. W. *Jeu et réalité,* Paris, Gallimard, 1990, 212 p.

Du même auteur

Développer et gérer le volet de la garde en milieu familial

Installons-nous

Le temps qu'il faut pour grandir…

Les Ateliers ensemble, outils de travail et de références pour le réseau des services de garde

PARENTS AUJOURD'HUI

Dans la même collection

Développez l'estime de soi de votre enfant, Carl Pickhardt, 2001

Interprétez les rêves de votre enfant, Laurent Lachance, 2001

L'enfant en colère, Tim Murphy en collaboration avec Loriann Hoff Oberlin, 2002

L'enfant dictateur, Fred G. Gosman, 2002

Ces enfants que l'on veut parfaits, Dr Elisabeth Guthrie et Kathy Matthews, 2002

L'enfant souffre-douleur, Maria-G. Rincón-Robichaud, 2003

Éduquer sans punir, Dr Thomas Gordon, 2003

Des enfants, en avoir ou pas, Pascale Pontoreau, 2003

Parent responsable, enfant équilibré, François Dumesnil, 2003

Ces enfants qui remettent tout à demain, Rita Emmett, 2003

Table des matières

TROISIÈME PARTIE
BEAUCOUP D'AMOUR

Achevé d'imprimer au Canada
en août 2003
sur les presses des Imprimeries Transcontinental inc.,
Division Imprimerie Gagné